淮安黄岗遗址出土彩陶

江苏省文物考古研究院
南京博物院 编著
淮安市文物保护和考古研究所

文物出版社

图书在版编目(CIP)数据

淮安黄岗遗址出土彩陶/江苏省文物考古研究院,
南京博物院, 淮安市文物保护和考古研究所编著.
北京 : 文物出版社, 2024. 12. -- ISBN 978-7-5010
-8603-0

Ⅰ. K876.3

中国国家版本馆CIP数据核字第2024351YM2号

淮 安 黄 岗 遗 址 出 土 彩 陶

编　　著: 江 苏 省 文 物 考 古 研 究 院
　　　　　南 京 博 物 院
　　　　　淮安市文物保护和考古研究所

主　　编: 盛之翰　甘恢元
副 主 编: 袁学梅　胡　兵
封面设计: 秦　彧
责任编辑: 秦　彧　刘雅馨
摄　　影: 张　冰
责任印制: 张　丽

出版发行: 文物出版社
社　　址: 北京市东城区东直门内北小街 2 号楼
邮　　编: 100007
网　　址: http://www.wenwu.com
邮　　箱: wenwu1957@126.com
经　　销: 新华书店
印　　刷: 北京荣宝艺品印刷有限公司
开　　本: 889mm×1194mm　1/16
印　　张: 15.5
版　　次: 2024 年 12 月第 1 版
印　　次: 2024 年 12 月第 1 次印刷
书　　号: ISBN 978-7-5010-8603-0
定　　价: 360.00 元

目　录

一 遗址概况与发掘收获

1. 遗址概况

黄岗遗址位于江苏省淮安市清江浦区徐杨街道黄岗村，北侧 7 千米是淮河故道，东北距青莲岗遗址 20 千米。黄岗遗址总面积 5 万余平方米，文化层普遍厚 2 ～ 3 米，最厚处超过 4 米。

黄岗遗址所在区域历史上屡受黄河夺淮入海的影响，其上整体覆盖厚 4 ～ 6 米的黄泛淤积土，遗址因此得以较好地保存。因淮安市高铁站前水系调整工程项目建设，2018 年 6 月至 2019 年 1 月，南京博物院考古研究所（江苏省文物考古研究所）与淮安博物馆考古部（现淮安市文物保护和考古研究所）组成联合考古队，对黄岗遗址进行了抢救性考古发掘，发掘面积 4100 平方米，发掘区位于遗址西侧工程施工红线内，并非遗址中心区域。

2. 发掘收获

黄岗遗址时代跨度大、内涵丰富，共清理不同时期房址、墓葬、灰坑、灰沟、烧土堆积等遗迹 3800 余处，以新石器时代文化遗存为主体。黄岗遗址新石器时代文化遗存可分为"黄岗一期遗存"与"黄岗二期遗存"两大期。

黄岗一期遗存主要分布于发掘区中北部，地势相对较高。黄岗一期遗存的遗迹十分丰富，主要是房址、烧土堆积、灰坑、沟、洞类遗迹等。出土陶器器类主要有陶釜、鼎（锥状足）、钵、罐、壶、鬶、盉、豆、支脚、陶拍、纺轮、网坠及人面、动物造型陶塑等。陶釜为大宗，以圜底釜为主，还有少量平底釜。陶鼎多为敞口釜形或罐形，常见有四个鋬手。陶钵有深腹与浅腹两种，深腹钵器表多通体施红衣，浅腹则多为"红顶"钵。陶壶以小口壶较具特色，束颈，肩部有双系。陶豆数量不多，未见完整器，柄呈喇叭形。陶支脚造型多样，有弯曲柱状、猪首形、顶端呈蘑菇形等。陶拍数量大，主要有舌形把手与环形把手两类，器表均见刻划或戳印纹。黄岗一期遗存中玉器、石器、骨器均不发达，玉器仅见个别玉璜与玉环，石器有少量石锛、石钺、砺石、石臼等，骨器主要为鹿角靴形器、骨锥等。

黄岗二期遗存主要分布于发掘区南部，呈北高南低的斜坡状堆积，南邻水域，文化层与自然淤积层交错叠压。发掘所揭露二期遗存位于遗址边缘近水区域，所发现遗迹远不及一期遗存丰富，以灰坑及洞类遗迹为主。出土遗物主要为陶器、骨器、石器等，其他类遗物不丰富。陶器器类主要有陶釜、鼎、钵、匜、豆、罐、鬶、盉、盆、杯、陶饼、纺轮等。仅从陶器分析，二期遗存文化面貌与一期遗存差异较大：一期常见的四鋬、口下有一周凸棱陶釜、四鋬锥状足陶鼎均不见于二期，二期陶鼎多见侈口折肩，流行凹槽足；一期常见的各类陶支脚、陶拍基本不见于二期；二期陶匜、三足钵等器类大量出现。

黄岗遗址一期与二期遗存之间虽有某些方面的早晚承续关系，但文化面貌之间的差异性更为突出，可将二者划归于不同的考古学文化。黄岗一期遗存为青莲岗文化，主体年代为 5100BC ～ 4500BC，与淮河中游的双墩文化、海岱地区的北辛文化年代有重合，彼此之间亦有相似的文化因素。黄岗二期遗存与淮河中游以定远侯家寨遗址二期遗存为代表的侯家寨文化具有较多相似性，绝对年代为 4100BC ～ 3500BC。

二 黄岗彩陶概述

1. 出土情况

黄岗一期遗存仅发现彩陶 1 件，出自遗址最早单位灰坑 H915（该灰坑经测年绝对年代为 5100BC 左右），为陶罐肩部残片，上绘几何形线条纹，系红外彩。

黄岗二期遗存时彩陶开始流行，共计出土彩陶近 4000 件，均为残片，无完整彩陶器。黄岗遗址所出彩陶除在灰坑和其他遗迹中有少量发现外，大多出自地层堆积之中。未发现彩陶集中出于某类遗迹、某些地层，或某个活动面之上的情况，彩陶器应是二期遗存时的日常用具。

因黄岗一期遗存只发现彩陶片 1 件，本文后续讨论均基于黄岗二期遗存彩陶。

2. 施绘器类、位置与颜料

彩陶器器类以陶钵为主，其次为陶匜，其他类陶器几乎不见施绘彩陶。陶钵均为大敞口、浅腹，以平底为主，少量圜底。陶匜为敞口带流、斜直腹略深、平底。无论陶钵还是匜，均为泥质陶，器形较为规整，似为轮制，火候较高，器壁打磨光滑，器表常施红衣。部分彩陶器在近断茬处发现有烧后所钻圆孔，应为补缀陶器破损处时所钻，少数彩陶器外壁发现变形"X"形刻划符号。

黄岗彩陶几乎都为内彩，外彩数量较少。从施绘位置看，纹样多绘于器内腹壁，其次为器底。虹形纹、蝙蝠形纹、短线堆垒纹、格带纹等常绘于器内腹壁，太阳纹、重圈纹常绘于器底，腹部与底部满绘的现象也较为常见，满绘多为组合纹样。在器物口沿处绘条带纹的现象最为普遍，口沿处条带纹绘法多样，有仅口沿外壁饰黑彩、口沿内外壁皆饰黑彩、口沿外壁饰红彩内壁饰黑彩、仅内壁饰红彩、仅外壁饰红彩及内外壁皆饰红彩等多种情形。

据郁永彬测试分析，黄岗彩陶多用铁锰氧化物作为颜料，铁锰氧化物一般呈黑（褐）色。黄岗彩陶主体纹样以黑色单彩为主，红色单彩数量少，另有少量介于黑彩与红彩之间的褐彩一并纳入黑彩之中。

3. 纹样种类与构图

黄岗彩陶为江淮东部地区所特有的一类彩陶遗存，早前无专门研究，本书中对于相关彩陶纹样的分类、命名与描述均属尚不成熟的初步探索。

黄岗彩陶纹样种类主要有人形纹、虹形纹、太阳纹、三角形网格纹、重圈纹、蝙蝠形纹、短线堆垒纹、格带纹、菱格条带纹、菱格网纹、卦形纹、横向线条纹、纵向线条纹、心形纹、贝形纹等。纹样具有二方连续构图、四方连续构图、对称等特点，大部分的虹形纹图案上下左右皆为对称，上下两部分的元素互为镜像。

黄岗彩陶纹样可归为几何形纹样和象生类纹样两大类。几何类纹样数量占绝大多数。又可分为线形、三角形与多边形、圆弧形、三角形与圆弧形四种。线形图案主要有短线堆垒纹、横向线条纹、纵向线条纹等，绘于陶器口沿至腹部位置，多为二方连续图案，也有四方连续图案，如部分菱格条带纹，弧线形纹样多数时候与其他纹样组合，作为一种独立的纹样元素出现，如虹形纹和纵向水波纹的组合。三角形与多边形类图案有格带纹、菱格条带纹、菱格网纹、卦形纹和心形纹等。三角形纹、菱形纹和其他四边形纹中常填充网格纹元素。心形纹多作为二方连续图案中的主体元素与其他纹样组合出现,卦形纹和菱格条带纹是少见的构成四方连续图案纹样元素。圆弧形几何纹样以曲线、弧线、弧边、圆形等为主要构图特征,最具有代表性的纹样有虹形纹、重圈纹、贝形纹等。太阳纹是三角形与圆弧形组成的典型纹样。象生纹样在黄岗彩陶纹样中,相对较少,主要有人形纹、蝴蝶纹等。

4. 绘图技法

在考察绘图技法时发现,部分纹样中常见刻划痕迹相伴,这些刻划痕迹与纹样走笔一致,均系烧前形成,非后期使用过程中所致。究其形成原因,大致存在两种可能:一是使用注入颜料的管状绘图工具在未干的陶坯上进行施绘,施绘过程中较为坚硬的工具因摩擦在器物表面留下痕迹。二是施绘者以较坚硬材质的工具提前在陶坯上确定施绘的位置或纹样的大致轮廓所致,这种现象多出现于虹形纹的绘制中,太阳纹次之。另外还可能存在贴片绘画技法:在施绘过程中将需要留白处事先进行遮盖,待留白区域外部施绘完成,将遮盖物揭开,即形成较为规整的边缘线条,这类技法见于部分蝙蝠形纹。

三 相关问题探讨

1. 源流与发展阶段

江淮东部及周边地区,目前已知年代最早的彩陶出自泗洪顺山集遗址第三期遗存,绝对年代在5700BC前后,此后在淮河中游双墩文化中的蚌埠双墩、定远侯家寨遗址出土了一定数量的红外彩彩陶,黄岗遗址最早单位 H915 所出彩陶与双墩文化彩陶具有相似之处。以黄岗二期遗存为代表的黄岗彩陶遗存,与前述彩陶并无明确的渊源关系,此类彩陶主要发现于江淮东部地区,除黄岗遗址外,还有高邮龙虬庄、淮安青莲岗、金牛墩等遗址,受之影响的淮河以北的沭阳万北遗址、邳州大墩子遗址下文化层也有出土。当前而言,黄岗遗址所出数量最多,也最具代表性,但究其渊源,之前已知其他遗址所出彩陶与黄岗彩陶年代相同,无法确定源流关系。近两年,随着兴化草堰港遗址的发掘,在晚期地层、遗迹中出土了少量彩陶片,所见纹样在黄岗彩陶中均能找到同类者,出土彩陶的草堰港遗址地层、遗迹年代早于黄岗第二期遗存数百年之久,草堰港遗址彩陶似可视为黄岗彩陶的源头之一。

具体到黄岗彩陶本身,依据彩陶出土层位关系与纹样的演变规律,大体可分为三个阶段。

第一阶段为黄岗彩陶的早期发展阶段。纹样构图简单,数量和种类都较少,主要纹样有双重弧线虹形纹、太阳纹、卦形纹等。第二阶段为黄岗彩陶的发展繁荣期。出现大量的三重弧线虹形纹、短线堆垒纹,另有菱格条带纹、蝙蝠形纹等,太阳纹数量也较前一阶段增多且样式多样。从第一阶段到第二阶段,黄岗彩陶纹样有明显的由简单到复杂、由抽象到具象的发展过程,曲线元素的运用远超过直线。以太阳纹为例,在第一阶段中主要以简单的三角形网纹构成,至第二阶段,部分太阳纹几何风格减弱,线条多变,象征性的几何形纹样多于象生性的写实纹样。第三阶段为黄岗彩陶的衰落期,该阶段彩陶数量与纹样种类大幅减少,直至逐渐消失。

2. 关于虹形纹的认识

虹形纹在黄岗彩陶纹样中占据非常重要的地位，既可看作象征性的几何纹样，亦可视为象生性的写实纹样。虹形纹的基本图形为两组半弧线，各组又作层层套合的半圆弧，弧顶相对，每组弧线段由一段直线封住线段两端形成闭合状态，呈上下和左右皆对称的纹样，似为镜像对称绘制的彩虹，故将其命名为虹形纹。虹形纹依据弧线数量多少可分为双重弧线虹形纹、三重弧线虹形纹、四重弧线虹形纹。在纹饰的具体使用中，虹形纹以有序的形式装饰于陶钵类器物突出位置，且多与波浪形纹样组合使用。

甲骨文中"虹"字作⌒，为双首的虫状。《山海经·海外东经》中记载："虹虹在其北，各有两首。"东汉许慎在《说文解字》中解释"虹"字时认为："虹，螮蝀也，状似虫。"此外，甲骨卜辞和其他古代文献中有关于虹饮水的记载。古代先民往往将一些神奇且无法解释的自然现象与某些动物或神灵相关联，对于雨后彩虹的这种自然光学现象，认为彩虹是一种长着双首和巨口，能够吸水的虫形/龙形动物。6000年前黄岗遗址所处的江淮东部地区气候温暖湿润多雨，雨后初霁现彩虹是黄岗先民日常生活中常见的神秘自然景观，他们将其绘画于陶器内，视为精神图腾。

3. 黄岗彩陶的价值

彩陶遗存广泛存在于我国诸多史前考古学文化之中，并形成了以仰韶文化、马家窑文化等为代表的几大彩陶文化中心，中国考古学诞生之初关于彩陶的研究便成为史前考古学研究的重要内容，直至今日仍有大量著述。

中国东部地区诸史前文化中，主要分布于海岱地区的大汶口文化，其彩陶遗存发现的数量相对较多，研究也较为充分。江淮东部地区的彩陶遗存虽早在20世纪50年代发掘青莲岗遗址时已被发现，90年代龙虬庄遗址出土了数量较多的彩陶遗存，但长期以来并未引起足够重视，这与资料未系统公布有着莫大的关系。随着黄岗彩陶的大批量、系统性地发现，使得我们有机会得以重新认识这一类极具地域特色的彩陶遗存。

黄岗彩陶是黄岗二期遗存最为核心的内涵，它也是黄岗二期遗存区别于青莲岗文化的主要文化因素之一。黄岗彩陶起源、发展于江淮东部地区，以黄岗遗址、龙虬庄遗址最具代表，并对周边史前文化有所影响，是一支具有独特文化标识的彩陶文化。

以黄岗为代表的江淮东部地区先民观象于天，观法于地，以陶器为媒介，运用不同色彩与线条创造出的饱含思想情感与认知价值的彩陶艺术，是史前时期江淮东部先民共同的精神信仰和艺术追求的集中体现。

壹 黄岗一期遗存彩陶

黄岗最早的红外彩陶

 1. 彩陶罐 H915 ： 37

新石器时代

残长 6.8、残宽 6.6 厘米

泥质红陶罐残片，灰胎。外饰红彩，绘
几何形线条纹。

貳　黄岗二期遗存彩陶

一　人形纹、树形纹

2. 彩陶钵 H1055 ： 1

新石器时代

残长 10.7、高 4.4 厘米

泥质红陶钵残片，灰胎。敞口，圆唇，弧腹，
平底。内饰黑彩，腹部绘人形纹，似在跳舞。
口沿外壁饰红彩一周，内壁饰黑彩一周。

3. 彩陶钵 T310④ a：4

新石器时代

口径 22、高 4.8 厘米

泥质红陶钵残片，灰胎。敞口，圆唇，弧腹，底部残，
器外表施红色陶衣。内饰黑彩，口沿至腹部绘纵向对称
树形纹样和人形纹。口沿内壁饰黑彩一周。

4. 彩陶钵 T311 ⑥：50

新石器时代

残长 7.8、残宽 3.1 厘米

泥质红陶钵残片，灰胎。内饰黑彩，绘人形纹，仅剩下半部，似在跳舞。

5. 彩陶钵 T312 ⑤：27

新石器时代

残长 6、残宽 4.8 厘米

泥质红陶钵残片，灰胎。敞口，圆唇，弧腹。内饰黑彩，腹部绘人形纹。口沿内壁饰黑彩一周。

6. 彩陶匜 T311⑥：49

新石器时代

残长 13.1、残宽 9.8 厘米

泥质红陶匜残片，灰胎。敞口，圆唇，斜直腹。内饰黑彩，腹部绘形似栅栏的纹样，又似牵手的人形纹。口沿内壁饰黑彩一周。

7. 彩陶钵 T311 ⑤：36

新石器时代

残长 7.5、残宽 4 厘米

泥质红陶钵残片，灰胎。内饰黑彩，
腹壁位置绘变体人形纹。

8. 彩陶钵 T412 ⑧：16

新石器时代

残长 5.2、残宽 2.3 厘米

泥质红陶钵残片，灰胎。内饰黑彩，
腹部绘变体人形纹。

9. 彩陶钵 T311 ⑤：40

新石器时代

残长 11.2、高 5.2 厘米

泥质红陶钵残片，灰胎。敞口，圆唇，弧腹，
平底。内饰黑彩，口沿至腹部绘纵向对称树形
纹样。口沿内壁饰黑彩一周。

二　虹形纹

10. 彩陶钵 T111 ③：33

新石器时代

残长 9.8、残宽 4.4 厘米

泥质红陶钵残片，灰胎。敞口，圆唇，弧腹，器外表施
红色陶衣。内饰黑彩，口沿至腹部绘双重弧线虹形纹，
纹样上有绘图时所留刻划痕迹。口沿内壁饰黑彩一周。

11. 彩陶钵 T311 ⑦：78

新石器时代

残长 14、残宽 7.4 厘米

泥质红陶钵残片，灰胎。敞口，圆唇，弧腹。
器外表施红色陶衣。内饰黑彩，口沿至腹部绘
双重弧线虹形纹。口沿内壁饰黑彩一周。

12. 彩陶钵 T311 ⑦：80

新石器时代

残长 9.6、残宽 8.2 厘米

泥质红陶钵残片，灰胎。敞口，圆唇，弧腹。内饰黑彩，口沿至腹部绘双重弧线虹形纹。口沿内壁饰黑彩一周。

13. 彩陶钵 T111 ③：38

新石器时代

口径 17.4、高 3.7 厘米

泥质红陶钵残片，灰胎。敞口，圆唇，弧腹，平底。器外表施红色陶衣。内饰黑彩，口沿至腹部绘双重弧线虹形纹。口沿内壁饰黑彩一周。

14. 彩陶钵 T310 ③：39

新石器时代

残长 7.2、残宽 4.6 厘米

泥质红陶钵残片，灰胎。敞口，圆唇，弧腹。器外表施红色陶衣。内饰黑彩，口沿至腹部绘双重弧线虹形纹。口沿内壁饰黑彩一周。

15. 彩陶钵 T211④：42

新石器时代

残长 11、残宽 7.4 厘米

泥质红陶钵残片，灰胎。敞口，圆唇，弧腹。器
外表施红色陶衣。内饰黑彩，口沿至腹部绘双重
弧线虹形纹。口沿内壁饰黑彩一周。

16. 彩陶钵 T211②：19

新石器时代

残长 10.7、残宽 5 厘米

泥质红陶钵残片，灰胎。敞口，圆唇，
弧腹。内饰黑彩，口沿至腹部绘双重弧
线虹形纹。口沿内壁饰黑彩一周。

17. 彩陶钵 T211 ④：43

新石器时代

残长 14.1、残宽 7.7 厘米

泥质红陶钵残片，灰胎。敞口，圆唇，弧腹。器外表施红色陶衣。内饰黑彩，口沿至腹部绘双重弧线虹形纹。口沿内壁饰黑彩一周。

18. 彩陶钵 T311 ⑦：90

新石器时代

残长 10.9、残宽 5.8 厘米

泥质红陶钵残片，灰胎。敞口，圆唇，弧腹。内饰黑彩，口沿至腹壁位置绘双重弧线虹形纹和对称"风"字形纹，纹样有绘图时所留刻划痕迹。口沿内壁饰黑彩一周，外沿饰红彩一周。

19. 彩陶钵 T512 ⑥ : 24

新石器时代

残长 8.7、残宽 5.6 厘米

泥质红陶钵残片，灰胎。敞口，圆唇，弧腹。口沿至腹部绘黑彩双重弧线虹形纹。口沿内壁饰黑彩一周。

20. 彩陶钵 H1055 : 2

新石器时代

残长 12.4、残宽 12.2 厘米

泥质红陶钵底，灰胎。平底。内饰黑彩，腹及底部绘双重弧线虹形纹，虹形纹似有绘图时所留刻划痕迹。

21. 彩陶钵 T311 ⑥：51

新石器时代

口径 28.2、底径 13.4、高 8.6 厘米

泥质红陶钵残片，灰胎。敞口，圆唇，弧腹，平底。近口沿及腹部
有三个对钻圆孔，系烧后所钻。内饰黑彩，腹及底部绘双重弧线虹
形纹，纹样有绘图时所留刻划痕迹。口沿内壁饰红彩一周。

22. 彩陶钵 T311 ⑥ : 90

新石器时代

残长 9.6、残宽 5.7 厘米

泥质红陶钵残片，灰胎。器外表施红色陶衣。内饰黑彩，绘双重弧线虹形纹，虹形纹有绘图时所留刻划痕迹。

23. 彩陶钵 T311 ⑨ : 33

新石器时代

残长 10、残宽 4.8 厘米

泥质灰陶钵残片，灰胎。敞口，圆唇，弧腹。内饰黑彩双重弧线虹形纹和纵向水波纹，虹形纹有绘图时所留刻划痕迹。口沿内壁饰黑彩一周。

24. 彩陶钵 T211 ⑤：31

新石器时代

残长 18.4、残宽 7.2 厘米

泥质红陶钵残片，灰胎。敞口，圆唇，弧腹。器外表施红色陶衣。内饰黑彩，口沿至腹部绘双重弧线虹形纹，纹样有绘图时所留刻划痕迹。口沿内壁饰黑彩一周。

25. 彩陶钵 T111 ③：36

新石器时代

残长 13.2、残宽 8.6 厘米

泥质红陶钵残片，灰胎。敞口，圆唇，弧腹。器外表施红色陶衣。内饰黑彩，口沿至腹部绘双重弧线虹形纹。口沿内壁饰黑彩一周。

26. 彩陶钵 T311 ⑥：52

新石器时代

残长 10、残宽 4.8 厘米

泥质红陶钵残片，灰胎。敞口，圆唇，弧腹。内饰黑彩双重弧线虹形纹。口沿内壁饰黑彩一周。

27. 彩陶钵 T312 ⑤：61

新石器时代

残长 7、残宽 6.9 厘米

泥质红陶钵底，灰胎。微圆底。内饰黑彩，底部位置绘双重弧线虹形纹，纹样有绘图时所留刻划痕迹。

28. 彩陶钵 T312 ⑤：28

新石器时代

残长 6.2、残宽 5.7 厘米

泥质红陶钵底，灰胎。微圜底。内饰黑彩，底部绘双
重弧线虹形纹，纹样有绘图时所留刻划痕迹。

29. 彩陶钵 T310 ⑤ a ： 54

新石器时代

残长 11.1、残宽 8.2 厘米

泥质红陶体残片，灰胎。敞口，圆唇，弧腹。内饰红褐彩，绘双重弧线虹形纹、横向水波纹组成的复合图案。口沿内壁饰黑彩一周。

 30. 彩陶钵 T310 ⑤ b ∶ 30

新石器时代

残长 7.3、残宽 6.5 厘米

泥质红陶钵残片，灰胎。敞口，圆唇，弧腹。口
沿至腹部绘双重弧线虹形纹，彩绘呈现灰白色，
似为黑彩褪色所致。口沿内外壁饰灰白彩一周。

31. 彩陶钵 T310 ⑤ a ∶ 55

新石器时代

底径 7、残高 1.4 厘米

泥质红陶钵底，灰胎。平底，器外表施红
色陶衣。内饰红彩双重弧线虹形纹，纹样
有绘图时所留刻划痕迹。

 **32. 彩陶钵 T311⑥：80**

新石器时代

残长 13.4、残宽 7.5 厘米

泥质红陶钵残片，灰胎。微圜底。内饰黑彩，腹部绘双
重弧线虹形纹、"H"形短线堆垒纹和"X"形纹组成的
复合图案，虹形纹有绘图时所留刻划痕迹。

33. 彩陶钵 T310 ④ a ： 40

新石器时代

残长 19.1、高 4.7 厘米

泥质红陶钵残片，灰胎。敞口，圆唇，弧腹，平底。
器外表施红色陶衣。内饰黑彩，口沿至底部位置绘
三重弧线虹形纹、"盆"字形短线堆垒纹等组成的
复合图案。口沿内壁饰黑彩一周。

34. 彩陶钵 T211 ⑤：33

新石器时代

残长 13.1、残宽 7.3 厘米

泥质红陶钵残片，灰胎。敞口，圆唇，弧腹，器外表施
红色陶衣。内饰黑彩，口沿至腹部绘三重弧线虹形纹，
纹样有绘图时所留刻划痕迹。口沿内壁饰黑彩一周。

35. 彩陶钵 T211 ②：18

新石器时代

口径 23.8、高 4.9 厘米

泥质红陶钵残片，灰胎。敞口，圆唇，弧腹，平底。
内饰黑彩，口沿至腹部绘三重弧线虹形纹和四瓣花
纹组成的复合图案。口沿内壁饰黑彩一周。

36. 彩陶钵 T211④：29

新石器时代

残长 17.4、残宽 8.9 厘米

泥质红陶钵残片，灰胎。敞口，圆唇，斜弧腹，平底。
内饰黑彩，口沿至腹部绘三重弧线虹形纹和束腰形短线
堆垒纹组成的复合图案，虹形纹有绘图时所留刻划痕迹。
口沿外壁饰红彩一周，内壁饰黑彩一周。

37. 彩陶钵 T310⑤a：61

新石器时代

残长 10.8、残宽 7.8 厘米

泥质红陶钵残片，灰胎。敞口，圆唇，弧腹。近口沿处有一双面对钻孔，系烧后所钻。内饰黑彩，口沿至腹部绘三重弧线虹形纹，纹样有绘图所留刻划痕迹。口沿外壁饰红彩一周，内壁饰黑彩一周。

38. 彩陶钵 T211 ⑦ : 12

新石器时代

残长 5.1、残宽 7 厘米

泥质红陶钵残片，灰胎。敞口，圆唇，弧腹。
器外表施红色陶衣。内饰黑彩，口沿至腹部绘
三重弧线虹形纹，外壁绘红彩几何形纹样，残
缺不全。口沿内壁饰黑彩一周。

39. 彩陶钵 T211 ④ : 41

新石器时代

残长 12.3、残宽 7.9 厘米

泥质红陶钵残片，灰胎。敞口，圆唇，弧腹。内饰黑
彩，口沿至腹部绘三重弧线虹形纹和短线堆垒纹组
成的复合图案，虹形纹有绘图时所留刻划痕迹。口
沿外壁饰红彩一周，内壁饰黑彩一周。

40. 彩陶钵 T111④：5

新石器时代

残长 8.1、残宽 5.6 厘米

泥质红陶钵残片，灰胎。敞口，圆唇，弧腹。内饰
黑彩，口沿至腹部绘双重弧线虹形纹，纹样上有绘
图时所留刻划痕迹。口沿内壁饰黑彩一周。

41. 彩陶钵 T311 ⑥：43

新石器时代

残长 8.2、残宽 5.7 厘米

泥质红陶钵残片，灰胎。敞口，圆唇，弧腹。
内饰黑彩，口沿至腹部绘三重弧线虹形纹。
口沿内壁饰黑彩一周。

42. 彩陶钵 T311 ⑨：34

新石器时代

残长 10.4、高 5.3 厘米

泥质红陶钵残片，灰胎。敞口，圆唇，弧腹，平底。器外表施红衣。内饰黑彩，口沿至腹部绘三重弧线虹形纹和纵向短线堆垒纹组成的复合图案，虹形纹有绘图时所留刻划痕迹。口沿内壁饰黑彩一周。

43. 彩陶钵 T311 ⑦：56

新石器时代

残长 8、残宽 5.6 厘米

泥质红陶钵残片，灰胎。敞口，圆唇，弧腹。
器外表施红色陶衣。内饰黑彩，口沿至腹部绘
三重弧线虹形纹。口沿内壁饰黑彩一周。

44. 彩陶钵 T311 ⑦：72

新石器时代

残长 8.5、残宽 5.6 厘米

泥质红陶钵残片，灰胎。敞口，圆唇，弧腹。
器外表施红色陶衣。内饰黑彩，口沿至腹部
绘三重弧线虹形纹，纹样有绘图时所留刻划
痕迹。口沿内外壁均饰黑彩一周。

45. 彩陶钵 T411 ② : 49

新石器时代

残长 8.3、残宽 5.7 厘米

泥质红陶钵底，灰胎。平底。内饰红褐彩，底部位置绘双重弧线虹形纹，纹样有绘图时所留刻划痕迹。

46. 彩陶钵 T310 ④ a : 81

新石器时代

残长 8.7、残宽 6 厘米

泥质红陶钵残片，灰胎。敞口，圆唇，弧腹。内饰黑彩，口沿至腹部绘三重弧线虹形纹，纹样有绘图时所留刻划痕迹。口沿内壁饰黑彩一周。

47. 彩陶钵 T310 ⑤ a ： 51

新石器时代

残长 13.1、残宽 8.1 厘米

泥质红陶钵残片，灰胎。敞口，圆唇，弧腹。内饰黑彩，口沿至腹部绘三重弧线虹形纹、纵向水波纹，纵向水波纹为填充成组横向短线条和纵向短波浪线条的方形几何纹等组成的复合图案，虹形纹有绘图时所留刻划痕迹。口沿内壁饰黑彩一周。

48. 彩陶钵 T311 ⑥ : 76

新石器时代

残长 6.9、残宽 6.2 厘米

泥质红陶钵残片，灰胎。平底。内饰
黑彩，腹至底部绘三重弧线虹形纹和
堆垒短线纹组成的复合图案。

 49. 彩陶钵 T311 ⑦：141

新石器时代

残长 7.8、残宽 7.2 厘米

泥质红陶钵残片，灰胎。腹部有沙漏形刻划符号。
内饰黑彩，绘三重弧线虹形纹、纵向短线堆垒纹
和"H"形堆垒短水波纹组成的复合图案，虹形
纹有绘图时所留刻划痕迹。

50. 彩陶钵 T310 ⑤ a ： 100

新石器时代

残长 12.2、残宽 8.6 厘米

泥质红陶钵底，灰胎。内饰黑彩，绘三重弧线虹形纹、"井"字形几何纹和纵向水波几何纹组成的复合图案，"井"字形几何纹和纵向水波几何纹间填充成组横向短线条和纵向短波浪线。

51. 彩陶钵 T211 ⑤：35

新石器时代

残长 14、残宽 7.1 厘米

泥质红陶钵残片，灰胎。敞口，圆唇，弧腹，外腹壁有几何形刻划痕迹。内饰黑彩，腹部绘三重弧线虹形纹和短线堆垒纹组成的复合图案，虹形纹有绘图时所留刻划痕迹。口沿外壁饰红彩一周，内壁饰黑彩一周。

52. 彩陶钵 T310 ⑤ a ： 60

新石器时代

口径 25.9、残高 7.4 厘米

泥质红陶钵残片，灰胎。敞口，圆唇，浅弧腹斜收，底部残。
器表施红色陶衣。内饰红褐彩，绘四重弧线虹形纹和纵向水
波纹组成的复合图案，虹形纹有绘图时所留刻划痕迹。

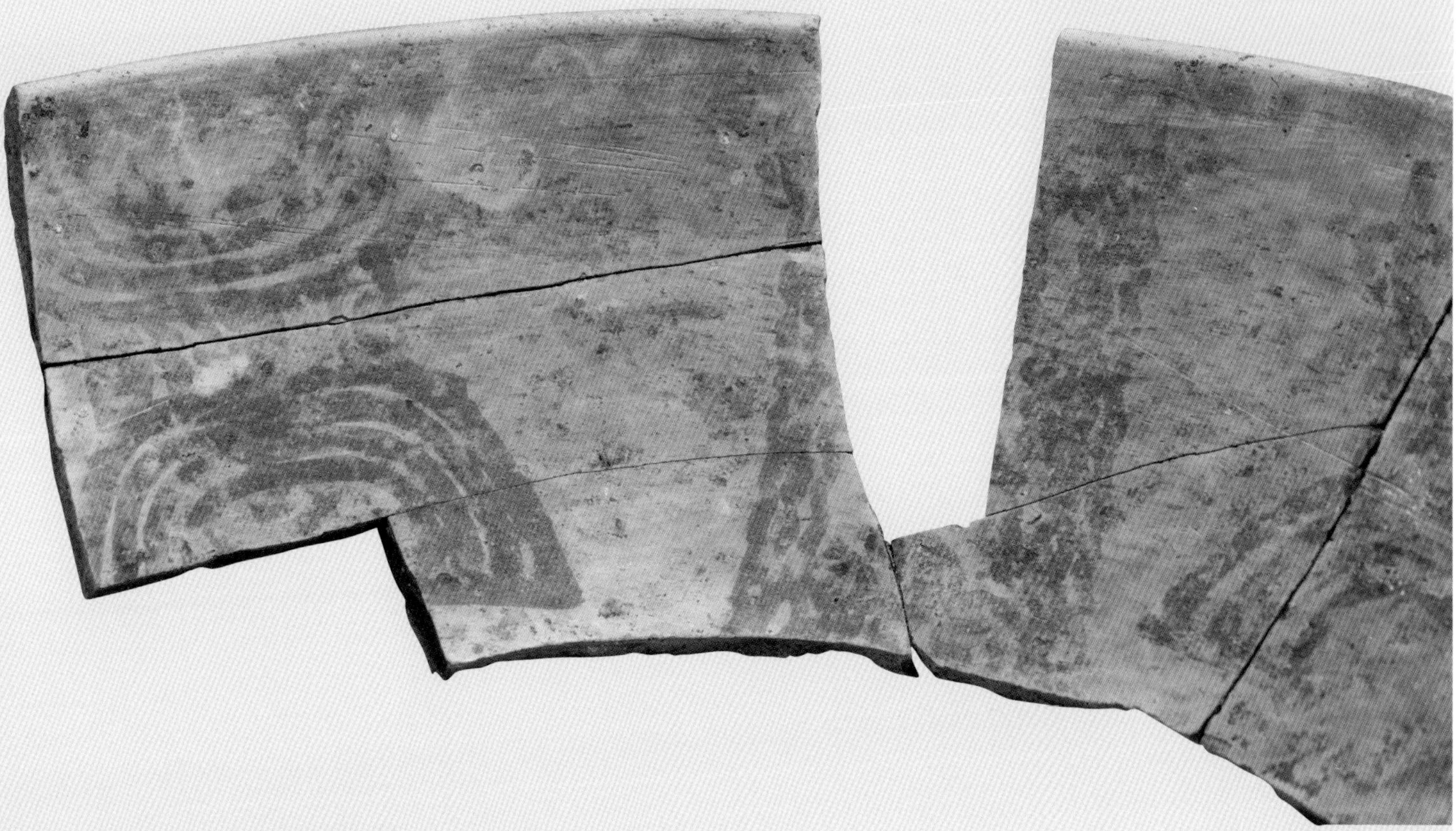

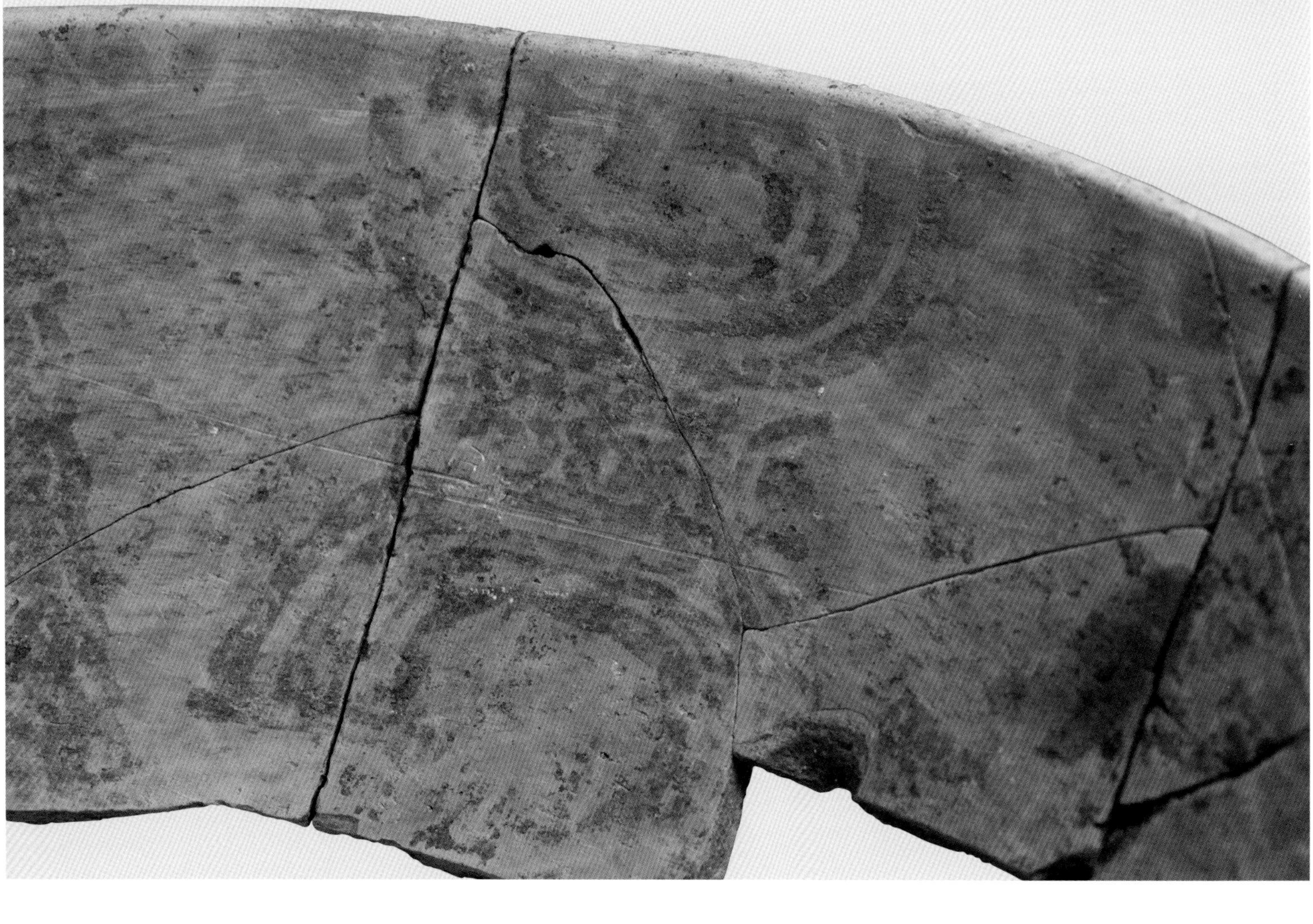

53. 彩陶钵 T310 ⑤ b ： 25

新石器时代

残长 10、残宽 6.5 厘米

泥质红陶钵残片，灰胎。敞口，圆唇，弧腹，底残。
器外表施红色陶衣。内饰黑彩，口沿至腹部绘四重弧
线虹形纹和纵向水波纹组成的复合纹样，虹形纹有绘
图时所留刻划痕迹。口沿内壁饰黑彩一周。

54. 彩陶钵 T310 ⑤ a ： 56

新石器时代

残长 10.4、残宽 4.8 厘米

泥质灰陶钵残片，灰胎。器外表施红色陶衣。内饰黑彩四重弧线虹形纹和"H"形堆垒短条纹组成的复合图案，虹形纹有绘图时所留刻划痕迹。

55. 彩陶钵 T311⑫：55

新石器时代

残长 8.1、残宽 6.8 厘米

泥质红陶钵残片，灰胎。内饰黑彩，绘四重弧
线虹形纹和对称半弧纹组成的复合图案。

 56. 彩陶钵 T211 ④：28

新石器时代

口径 25.4、高 5.9、底径 14.4 厘米

泥质红陶钵残片，灰胎。敞口，圆唇，弧腹，平底。器外表施红色陶衣。内饰黑彩，腹部绘变体虹形纹，虹形纹下各绘一组四道平行的横向短线纹，每道短线似以左侧为起笔，向右提笔收尾。虹形纹有绘图时所留刻划痕迹。口沿内壁饰黑彩一周。

57. 彩陶钵 T312 ④：19

新石器时代

残长 12.2、残宽 8 厘米

泥质红陶钵底，灰胎。平底。内饰黑彩，底部位置绘
变体虹形纹，纹样有绘图时所留刻划痕迹。

 58. 彩陶钵 T310 ④ a：39

新石器时代

残长 7.1、残宽 5.3 厘米

泥质红陶钵残片，灰胎。敞口，圆唇。器外表施红
色陶衣。内饰黑彩，口沿至腹部绘变体虹形纹，纹
样有绘图时所留刻划痕迹。口沿内壁饰黑彩一周。

59. 彩陶钵 T311 ⑦：69

新石器时代

残长 6.3、残宽 5 厘米

泥质红陶钵底，灰胎。平底。内饰黑彩，底部位置绘变体虹形纹，纹样有绘图时所留刻划痕迹。

60. 彩陶钵 T310 ⑤ c：9

新石器时代

残长 5.8、残宽 3.7 厘米

泥质红陶钵残片，灰胎。敞口，圆唇。内饰黑彩，口沿至腹部绘变体虹形纹，纹样有绘图时所留刻划痕迹。口沿内壁饰黑彩一周。

三　太阳纹

61. 彩陶钵 T414 ② ：22

新石器时代

残高 2.4、底径 9.8 厘米

泥质红陶钵底，灰黑胎。微圜底。内饰黑彩，底部绘螺
旋形太阳纹、"H"形纵向短线堆垒纹和堆垒短水波纹
组成的复合图案，太阳纹有绘图时所留刻划痕迹。

62. 彩陶钵 T311 ⑤ : 33

新石器时代

残长 8.2、残宽 8.3 厘米

泥质红陶钵底，灰胎。圈底。内饰黑彩，底部
绘太阳纹，纹样有绘图时所留刻划痕迹。

63. 彩陶钵 T512 ④：25

新石器时代

残长 14、高 4.7 厘米

泥质红陶钵残片，灰胎。敞口，圆唇，弧腹，平底。器外表施红色陶衣。内饰黑彩，底部绘太阳纹，纹样似有绘图时所留刻划痕迹。口沿外壁饰红彩一周，内壁饰黑彩一周。

64. 彩陶钵 T312 ④：24

新石器时代

残长 9.1、残宽 8.7 厘米

泥质红陶钵底，灰胎。平底。内饰黑彩，底部绘太阳纹，纹样有绘图时所留刻划痕迹。

65. 彩陶钵 T311 ⑤：32

新石器时代

残长 8.1、残宽 6.1 厘米

泥质红陶钵底，灰胎。圈底。内饰黑彩，底部绘太阳纹。

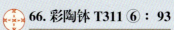 **66. 彩陶钵 T311 ⑥：93**

新石器时代

残长 10.2、残宽 8 厘米

泥质黑陶钵底，灰胎。圜底。内饰黑彩，
底部绘太阳纹。

67. 彩陶钵 T311 ⑤：57

新石器时代

残长 15、残宽 5.8 厘米

泥质红陶钵底，灰胎。圜底。内饰黑彩，底部绘太阳纹。

68. 彩陶钵 T311 ⑥：74

新石器时代

残长 9.6、残宽 4.8 厘米

泥质红陶钵底，灰胎。圜底。内饰黑彩，底部绘太阳纹。

69. 彩陶钵 T111 ③：63

新石器时代

残长 6、残宽 5.8 厘米

泥质红陶钵底，灰胎。平底。内饰黑彩，
底部绘太阳纹。

70. 彩陶钵 T311 ⑤：65

新石器时代

残长 8.9、残宽 7.3 厘米

泥质红陶钵底，灰胎。平底。内饰红彩，
底部绘太阳纹。

71. 彩陶钵 T411 ② ： 67

新石器时代

残长 6.7、残宽 4.6 厘米

泥质灰陶钵底，灰胎。微圈底。内饰黑彩，
底部绘太阳纹。

72. 彩陶钵 T211 ④：26

新石器时代

残长 12.7、残宽 8 厘米

泥质红陶钵，灰胎。敞口，圆唇，弧腹，微圜
底。器外表施红色陶衣。内饰黑彩，腹及底
部绘太阳纹。口沿内壁饰黑彩一周。

73. 彩陶钵 T311 ⑤：31

新石器时代

残长 8.7、残宽 8.2 厘米

泥质红陶钵残片，灰胎。敞口，圆唇，弧腹。内饰黑彩，腹至底部绘太阳纹。口沿内壁饰黑彩一周。

74. 彩陶钵 T411 ②：69

新石器时代

残长 9.7、残宽 6.6 厘米

泥质红陶钵底，灰胎。微圜底。内饰红褐彩，底部绘太阳纹。

75. 彩陶钵 T310 ④ a ： 58

新石器时代

底径 10.2、残高 3.8 厘米

泥质红陶钵底，灰胎。平底。内饰黑彩，腹和底部绘短线堆垒纹和太阳纹组成的复合图案，太阳纹有绘图时所留刻划痕迹。

76. 彩陶钵 T311 ⑦ ： 44

新石器时代

残长 5.4、残宽 4.6 厘米

泥质红陶钵底，灰胎。平底。内饰黑彩，底部绘太阳纹。

77. 彩陶钵 T211 ⑥：11

新石器时代

残长 10.6、残宽 6.1 厘米

泥质红陶钵底，灰胎。微圜底。内饰黑彩，底部
绘太阳纹，纹样有绘图时所留刻划痕迹。

78. 彩陶钵 T512④：27

新石器时代

残长 12.4、残宽 5.7 厘米

泥质红陶钵残片，灰胎。敞口、圆唇、弧腹。
内饰红彩，口沿至腹部绘太阳纹，太阳纹似有
绘图时所留刻划痕迹。口沿内壁饰红彩一周。

79. 彩陶钵 T211 ④：37

新石器时代

残长 18.8、残宽 8 厘米

泥质红陶钵残片，灰胎。敞口，圆唇，
弧腹。内饰红彩，口沿至腹部绘太阳纹。
口沿内壁饰红彩一周。

80. 彩陶钵 T211 ④：38

新石器时代

残长 11.2、残宽 7.2 厘米

泥质红陶钵残片，灰胎。敞口，圆唇，弧腹，
圜底。内饰红彩，口沿至腹部绘太阳纹。口
沿内壁饰黑彩一周。

81. 彩陶钵 T311 ⑦：58

新石器时代

残长 10.2、残宽 9.4 厘米

泥质红陶钵残片，灰胎。敞口，圆唇，弧腹。
内饰黑彩，腹部绘太阳纹。口沿外壁饰红
彩一周，内壁饰黑彩一周。

82. 彩陶钵 T211 ②：22

新石器时代

残长 14.7、残宽 6.6 厘米

泥质红陶钵残片，灰胎。敞口，圆唇，弧腹。
内饰黑彩，腹部绘太阳纹。口沿外壁饰红彩
一周，内壁饰黑彩一周。

83. 彩陶钵 T311 ⑦：43

新石器时代
残长 10、残宽 8.4 厘米

泥质红陶钵残片，灰胎。敞口，圆唇，弧腹。内饰黑彩，口沿至腹部绘太阳纹和短水波纹组成的组合图案，太阳纹有绘图时所留刻划痕迹。口沿内壁饰黑彩一周。

84. 彩陶钵 T311 ⑦：64

新石器时代
残长 7.2、残宽 5.2 厘米

泥质红陶钵残片，灰胎。敞口，圆唇，弧腹。内饰黑彩太阳纹，纹样有绘图时所留刻划痕迹。口沿内壁饰黑彩一周。

85. 彩陶钵 T311 ⑦：67

新石器时代

残长 10.7、残宽 5.3 厘米

泥质红陶钵残片，灰胎。敞口，圆唇，弧腹。内饰黑彩，腹部绘太阳纹，纹样有绘图时所留刻划痕迹。口沿内壁饰黑彩一周。

86. 彩陶钵 T211 ② ：20

新石器时代

残长 12.8、残宽 9.3 厘米

泥质红陶钵残片，灰胎。敞口，圆唇，弧腹，近底
部有一双面对钻圆孔，系烧后所钻。内饰黑彩，腹
部绘太阳纹。口沿内壁饰黑彩一周。

87. 彩陶钵 T411 ⑤：13

新石器时代

残长 8.9、残宽 5.8 厘米

泥质红陶钵残片，灰胎。敞口，圆唇，弧腹。内饰红褐彩，腹部绘太阳纹。口沿内壁饰红褐彩一周。

88. 彩陶钵 T211 ④：36

新石器时代

残长 10.2、残宽 8.9 厘米

泥质红陶钵残片，灰胎。敞口，圆唇，弧腹。内饰红彩，口沿至腹部绘太阳纹。口沿外壁、内壁均饰红彩一周。

89. 彩陶钵 T111 ③：34

新石器时代

残长 9.7、残宽 5 厘米

泥质红陶钵底，灰胎。微圜底。内饰黑彩，底部绘螺旋形太阳纹。

90. 彩陶钵 T211 ⑦：28

新石器时代

残长 7.2、残宽 4.6 厘米

泥质红陶钵底，灰胎。平底。内饰黑彩，底部绘螺旋形太阳纹。

91. 彩陶钵 T311 ⑤：58

新石器时代

残长 9.3、残宽 7.4 厘米

泥质红陶钵底，灰胎。平底。内饰黑彩，底
部绘太阳纹，腹部纹样残缺不明。

92. 彩陶钵 T311 ⑤：56

新石器时代

残长 5.7、残宽 5.5 厘米

泥质红陶钵底，灰胎。平底。内饰黑彩，
腹至底部绘太阳纹。

93. 彩陶钵 T211 ④：31

新石器时代

残长9.4、残宽8.3厘米

泥质红陶钵残片，灰胎。敞口，圆唇，弧腹，微圜底。
内饰黑彩，口沿至腹部绘太阳纹，底部所绘纹样残
缺不明。口沿内壁饰黑彩一周。

四　三角形网格纹

94. 彩陶钵 T211 ⑤ : 27

新石器时代

口径 18.4、高 5.8 厘米

泥质红陶钵残片，灰胎。敞口，圆唇，斜弧腹，微圜底。
器腹外壁刻划有 "1" 形和 "8" 形符号。内饰黑彩，腹部
绘正倒交错相间的三角网格纹和一周向心形三角网格纹组
成的复合图案。口沿外壁饰红彩一周，内壁饰黑彩一周。

95. 彩陶钵 T310 ④ a ： 41

新石器时代

残长 6.9、残宽 8.7 厘米

泥质红陶钵残片，灰胎。敞口，圆唇，弧腹。内饰黑彩，口沿至腹部绘数周几何形纹饰组成的复合图案，外圈为呈顺时针转动的短曲线旋纹，中间为一周上下错列的正倒三角形网格纹，内圈绘两周水波纹与一周倒三角形纹，纹样有绘图时所留刻划痕迹。口沿内壁饰黑彩一周。

96. 彩陶钵 T211 ⑤ ： 29

新石器时代

残长 12.4、宽 8.1 厘米

泥质红陶钵残片，灰胎。敞口，圆唇，弧腹。器外表施红色陶衣。内饰黑彩，腹部饰一周上下错列的正倒三角形网格纹和向心式倒三角形网格纹组成的复合图案。口沿内壁饰黑彩一周。

97. 彩陶钵 T310 ⑤ c ： 13

新石器时代

残长 8.3、残宽 7.2 厘米

泥质红陶钵残片，灰胎。内饰黑彩，器外表施红色陶衣。腹部绘有上下错列的正倒三角形网格纹。

98. 彩陶钵 T311 ⑥ ： 46

新石器时代

残长 7.6、残宽 6.9 厘米

泥质红陶钵残片，灰胎。敞口，圆唇，弧腹。器外表施红色陶衣。内饰黑彩，腹部绘上下错列的正倒三角形网格纹和心形纹组成的复合图案。口沿内壁饰黑彩一周。

99. 彩陶钵 T310 ⑤ b：33

新石器时代

残长 6.4、残宽 4.1 厘米

泥质红陶钵残片，灰胎。敞口，圆唇，弧腹。内饰
黑彩，腹部绘几何形纹饰组成的复合图案，外圈是
呈顺时针转动的短曲线旋纹，内圈为一周上下错列
的正倒三角形网格纹。口沿内壁饰黑彩一周。

100. 彩陶钵 T211 ② : 29

新石器时代

残长 6.4、残宽 6.1 厘米

泥质红陶钵残片，灰胎。敞口，圆唇，弧腹。内饰红褐彩，腹部绘上下错列的正倒三角形网格纹。

101. 彩陶钵 T211 ④：62

新石器时代

残长 7、残宽 6.3 厘米

泥质红陶钵底，灰胎。内饰黑彩，腹及底部
绘三角形网格纹和条带纹组成的复合图案。

102. 彩陶钵 T313 ⑤：20

新石器时代

残长 8.9、残宽 8 厘米

泥质红陶钵残片，灰胎。敞口，圆唇，弧腹。内
饰黑彩，腹壁绘鱼纹、一周细圆弧纹和两周宽圆
弧纹组成的复合图案，两周宽圆弧纹间绘上下错
列的正倒三角形网格纹。口沿内壁饰黑彩一周。

103. 彩陶钵 T311 ⑨：38

新石器时代

残长 7.2、残宽 5.4 厘米

泥质红陶钵残片，灰胎。敞口，圆唇，弧腹。内饰黑彩，
腹部绘束腰形三角网格纹。口沿内壁饰黑彩一周。

104. 彩陶钵 T311 ⑦：73

新石器时代

残长 8.6、残宽 5.7 厘米

泥质红陶钵残片，灰胎。敞口，圆唇，弧
腹。内饰黑彩，腹部绘正倒三角形网格纹。
口沿内壁饰黑彩一周。

105. 彩陶钵 T312 ③：40

新石器时代

残长 7.1、残宽 6.8 厘米

泥质红陶钵残片，灰胎。内饰黑彩，腹部及底部绘三角
形网格纹，三角形网格纹两侧绘有双重"J"形纹。

五　重圈纹

106. 彩陶钵 T413 ⑤：2

新石器时代

残高 4.5、底径 5.1 厘米

泥质红陶钵底，灰胎。平底。内饰
黑彩，底部绘重圈纹。

107. 彩陶钵 T412④：12

新石器时代

残长 8.8、残宽 7.5 厘米

泥质红陶钵底，灰胎。内饰黑彩，底部绘重圈纹。

 108. 彩陶钵 T211 ③：36

新石器时代
残长 8.1、残宽 6.2 厘米

泥质红陶钵底，灰胎。微圜底。内饰红彩，腹及底部绘有联珠纹、圆弧纹和"∞"形纹组成的复合图案。

 109. 彩陶钵 T411 ②：50

新石器时代
残长 4.8、残宽 6.1 厘米

泥质红陶钵底，灰胎。内饰黑彩重圈纹，有绘图时所留刻划痕迹。

 110. 彩陶钵 TG1⑨：7

新石器时代

口径 24.4、残高 7.2 厘米

泥质红陶钵残片，灰胎。敞口，圆唇，弧腹。
内饰黑彩，腹至底部绘"（ ）"形纹和重圈纹
组成的复合图案。口沿内壁饰黑彩一周。

六　蝙蝠形纹

111. 彩陶钵 T314⑧：3

新石器时代
残长 16.7、残宽 6.1 厘米

泥质红陶钵残片，灰胎。敞口，圆唇，弧腹。内饰黑彩，腹部绘蝙蝠形纹。口沿内壁饰黑彩一周。

112. 彩陶钵 T412 ④：13

新石器时代

残长 10.8、残宽 8.6 厘米

泥质红陶钵残片，灰胎。敛口，圆唇，弧腹，微圜底。内饰黑彩，腹部绘蝙蝠形纹。口沿内壁饰黑彩一周。

113. 彩陶钵 T414②：24

新石器时代

残长 13.9、残宽 7.7 厘米

泥质红陶钵残片，黑胎。敞口，圆唇，弧腹。内
饰黑彩，腹部绘蛙形纹、蝙蝠形纹、细弧线纹和
宽弧线纹组成的复合图案。口沿内壁饰黑彩一周。

114. 彩陶钵 T314⑧：4

新石器时代

残长 11.7、残宽 6.2 厘米

泥质红陶钵残片，灰胎。敞口，圆唇，
弧腹。内饰黑彩，腹部绘蝙蝠形纹。
口沿内壁饰黑彩一周。

115. 彩陶钵 T313 ⑤：18

新石器时代

残长 7、残宽 6.9 厘米

泥质灰陶钵残片，黑胎。敞口，圆唇，弧腹。
内饰黑彩，腹部绘蝙蝠形纹、细弧线纹和宽弧
线纹组成的复合图案。口沿内壁饰黑彩一周。

116. 彩陶钵 T313⑤b：7

新石器时代

残长 5.4、残宽 7.6 厘米

泥质红陶钵残片，灰胎。敞口，圆唇，弧腹。内饰黑彩，腹部绘蝙蝠形纹、细弧线纹和宽弧线纹组成的复合图案。口沿内壁饰黑彩一周。

117. 彩陶钵 T313⑤：19

新石器时代

残长 6.6、残宽 4 厘米

泥质灰陶钵残片，灰胎。内饰黑彩，绘蝙蝠形纹。

118. 彩陶钵 T212③：22

新石器时代

残长 5.6、残宽 4.4 厘米

泥质红陶钵残片，灰胎。内饰黑彩，腹部绘蝙蝠形纹和重圈纹组成的复合图案。

119. 彩陶钵 T111 ③：35

新石器时代

残长 7.6、残宽 6.7 厘米

泥质红陶钵残片，灰胎。敞口，圆唇，弧腹。内饰黑彩，
腹部绘蝙蝠形纹。口沿内壁饰黑彩一周。

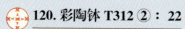 **120. 彩陶钵 T312② : 22**

新石器时代

残长 3.9、残宽 3.6 厘米

泥质红陶钵残片，灰胎。内饰黑彩，绘蝙蝠形纹。

121. 彩陶钵 T311 ⑤：34

新石器时代

残长7、残宽6厘米

泥质红陶钵残片，灰胎。敞口，圆唇，弧腹。
器外表施红色陶衣。内饰黑彩，腹部绘变体蝙
蝠形纹。口沿内壁饰黑彩一周。

七 短线堆垒纹

122. 彩陶钵 T310 ③：4

新石器时代

口径 24.2、高 5.2 厘米

泥质红陶钵残片，灰胎。敞口，圆唇，弧腹，平底。内饰黑彩，口沿至腹部饰束腰形短线堆垒纹组成的复合图案。口沿外壁饰红彩一周，内壁饰黑彩一周。

123. 彩陶钵 T111 ③：43

新石器时代

残长 12.6、残宽 4.5 厘米

泥质红陶钵残片，灰胎。敛口，圆唇，弧腹。口沿至腹部绘黑彩束腰形短线堆垒纹和鼓腹形短线堆垒纹组成的复合图案。口沿内壁饰黑彩一周。

124. 彩陶钵 T311 ⑥：38

新石器时代

残长 13.4、高 4.3 厘米

泥质红陶钵残片，灰胎。敞口，圆唇，弧腹。内饰黑彩，口沿至腹部绘束腰型短线堆垒纹，纹样有绘图时所留刻划痕迹。口沿内壁饰黑彩一周。

125. 彩陶钵 T310 ④ a ：34

新石器时代

残长 8.9、残宽 7.7 厘米

泥质红陶钵残片，灰胎。敞口，圆唇，弧腹。
内饰黑彩，口沿至腹部绘束腰形短线堆垒纹。
口沿外壁饰红彩一周，内壁饰黑彩一周。

126. 彩陶钵 T111 ③：37

新石器时代

残长 14.5、残宽 7.9 厘米

泥质红陶钵残片，灰胎。敞口，圆唇，弧腹，微圜底。
内饰黑彩，口沿至腹部绘束腰形短线堆垒纹。口沿
外壁饰红彩一周，内壁饰黑彩一周。

127. 彩陶钵 T411 ② ：52

新石器时代

残长 5、残宽 4.3 厘米

泥质红陶钵残片，灰胎。敞口，圆唇，弧腹。内饰黑彩，口沿至腹部绘束腰形短线堆垒纹。口沿内壁饰黑彩一周。

128. 彩陶钵 T311 ⑥ ：44

新石器时代

残长 9.1、残宽 6.4 厘米

泥质灰陶钵残片，灰胎。敞口，圆唇，弧腹。内饰黑彩，口沿至腹部绘束腰形短线堆垒纹。口沿内壁饰黑彩一周。

129. 彩陶钵 T311⑥：42

新石器时代

残长 9.4、残宽 6.2 厘米

泥质灰陶钵残片，灰胎。敞口，圆唇，弧腹。器外表施红色陶衣。内饰黑彩，口沿至腹部绘束腰形短线堆垒纹，纹样有绘图时所留刻划痕迹。口沿内壁饰黑彩一周。

130. 彩陶钵 T211③：35

新石器时代

残长 8.4、残宽 5.5 厘米

泥质红陶钵残片，灰胎。敞口，圆唇，弧腹。内饰黑彩，口沿至腹部绘束腰形短线堆垒纹，纹样有绘图所留刻划痕迹。口沿外壁饰红彩一周，内壁饰黑彩一周。

131. 彩陶钵 T211 ③：37

新石器时代

残长 12.3、残宽 3.8 厘米

泥质红陶钵残片，灰胎。敞口，圆唇，弧腹。
内饰黑彩，口沿至腹部绘束腰形短线堆垒纹。
口沿外壁饰红彩一周，内壁饰黑彩一周。

 132. 彩陶钵 T311⑥：9

新石器时代

残长 11、残宽 7.3 厘米

泥质红陶钵残片，灰胎。敞口，圆唇，弧腹。内饰黑彩，口沿至腹部绘 "H" 形短线堆垒纹和束腰形短线堆垒纹组成的复合图案。口沿外壁饰红彩一周，内壁饰黑彩一周。

133. 彩陶钵 T211 ⑤：32

新石器时代

残长 19.7、残宽 8.6 厘米

泥质红陶钵残片，灰胎。敞口，圆唇，弧腹。器外表施红色陶
衣。内饰黑彩，口沿至腹部绘束腰形短线堆垒纹和"H"形短线
堆垒纹组成的复合图案。口沿外壁饰红彩一周，内壁饰黑彩一周。

134. 彩陶钵 T211 ⑤：28

新石器时代

残长 19.4、残宽 12 厘米

泥质红陶钵残片，灰胎。敞口，圆唇，弧腹，微圜底。
内饰黑彩，口沿至腹部绘纵向长水波纹和鼓腹形堆垒
短水波纹组成的复合图案。口沿内壁饰黑彩一周。

135. 彩陶钵 T310 ④ a ： 45

新石器时代

残长 18.8、残宽 9.4 厘米

泥质灰陶钵残片，灰胎。敞口，圆唇，弧腹斜收，平底。器外表施红色陶衣。内饰黑彩，口沿至腹部绘束腰形短线堆垒纹和鼓腹形堆垒短条纹等组成的复合图案。口沿外壁饰红彩一周，内壁饰黑彩一周。

136. 彩陶钵 T311⑥：40

新石器时代

残长 16.2、残宽 7.4 厘米

泥质红陶钵残片，灰胎。敞口，圆唇，弧腹。
内饰红彩，口沿至腹部绘束腰形短线堆垒纹。
口沿内外壁均饰红彩一周。

137. 彩陶钵 T211②：40

新石器时代

残长 7.2、残宽 4.7 厘米

泥质红陶钵残片，灰胎。器外表施红色陶衣。
内饰红彩，腹部绘束腰形短线堆垒纹。

138. 彩陶钵 T310 ④ a ： 35

新石器时代

残长 11.8、残宽 7.8 厘米

泥质红陶钵残片，灰胎。微圜底，器外表施红色陶
衣。内饰黑彩，腹及底部绘束腰形短线堆垒纹组成
的复合图案，短线堆垒纹上有绘图时所留刻划痕迹。

139. 彩陶钵 T411 ⑦ ： 3

新石器时代

残长 7.5、残宽 6.4 厘米

泥质红陶钵残片，灰胎。敞口，圆唇。内饰
黑彩，腹部绘短线堆垒纹，有绘图时所留刻
划痕迹。口沿内壁饰黑彩一周。

140. 彩陶钵 T311 ⑨：35

新石器时代

残长 7.8、残宽 6.9 厘米

泥质红陶钵残片，灰胎。敞口，圆唇，弧腹。器外表施红色陶衣。内饰黑彩，口沿至腹部绘短线堆垒纹。口沿内壁饰黑彩一周。

141. 彩陶钵 T311 ⑦：88

新石器时代

残长 9.2、残宽 5.6 厘米

泥质红陶钵残片，灰胎。敞口，圆唇，弧腹。内饰黑彩，腹部绘短线堆垒纹，纹样有绘图时所留刻划痕迹。口沿内壁饰黑彩一周。

142. 彩陶钵 T311⑨：23

新石器时代

残长 8.6、残宽 7.2 厘米

泥质红陶钵残片，灰胎。敞口，圆唇，弧腹。
器外表施红色陶衣。内饰黑彩，腹部绘短线堆
垒纹。口沿内壁饰黑彩一周。

143. 彩陶钵 T310④a：53

新石器时代

残长 7.9、残宽 4.2 厘米

泥质红陶钵残片，灰胎。敞口，圆唇，弧腹。
内饰黑彩，腹部绘短线堆垒纹，纹样有绘图
时所留刻划痕迹。口沿内壁饰黑彩一周。

144. 彩陶钵 T311 ⑨：26

新石器时代

残长 6.7、残宽 5.4 厘米

泥质红陶钵残片，灰胎。敞口，圆唇，弧腹。内饰黑彩，腹部绘短线堆垒纹。口沿内壁饰黑彩一周。

145. 彩陶钵 T211 ⑤：36

新石器时代

残长 16.1、残宽 6.6 厘米

泥质灰陶钵残片，灰胎。敞口，圆唇，弧腹。内饰黑彩，腹部绘短线堆垒纹，纹样有绘图时所留刻划痕迹。口沿外壁饰红彩一周，内壁饰黑彩一周。

146. 彩陶钵 T211 ④：27

新石器时代

口径 20.4、高 3.8、底径 13 厘米

泥质红陶钵残片，灰胎。敞口，圆唇，弧腹。器外表施红色陶衣。内饰黑彩，口沿至腹部绘短线堆垒纹。口沿内壁饰黑彩一周。

147. 彩陶钵 T312 ⑤：73

新石器时代

残长 7.7、残宽 4.8

泥质红陶钵残片，灰胎。内饰黑彩，腹部
绘纵向短线堆垒纹。

148. 彩陶钵 T310 ⑤ a：88

新石器时代

残长 6.5、残宽 3.9 厘米

泥质红陶钵残片，灰胎。平底。内饰
黑彩，腹部绘短线堆垒纹。

149. 彩陶钵 T310 ④ a ： 48

新石器时代

残长 11.5、残宽 6.1 厘米

泥质红陶钵残片，灰胎。敞口，圆唇，弧腹。
内饰黑彩，腹部绘束腰形短线堆垒纹，纹样有
绘图时所留刻划痕迹。口沿内壁饰黑彩一周。

150. 彩陶匜 T312 ⑤：58

新石器时代

残高 5.6、底径 8.5 厘米

泥质红陶匜残片，灰胎。平底。内饰黑彩，
腹部绘纵向短线堆垒纹。

151. 彩陶钵 T211 ② ： 23

新石器时代

残长 7.4、残宽 5.4 厘米

泥质红陶钵残片，灰胎。敛口，圆唇，弧腹。器外表施红衣。内饰黑彩，腹部绘束腰形短线堆垒纹。口沿外壁饰红彩一周，内壁饰黑彩一周。

152. 彩陶钵 T411 ⑥ ： 22

新石器时代

残长 5.2、残宽 7 厘米

泥质红陶钵残片，灰胎。敞口，圆唇，弧腹。器外表施红色陶衣。内饰黑彩，腹部绘束腰形短线堆垒纹。口沿内壁饰黑彩一周。

 153. 彩陶钵 T310 ④ a ： 49

新石器时代

残长 7.7、残宽 7.4 厘米

泥质红陶钵残片，灰胎。敞口，圆唇，弧腹。
内饰黑彩，腹部绘上下对称的短线堆垒纹。
口沿外壁饰红彩一周，内壁饰黑彩一周。

154. 彩陶匜 T311 ⑥ ： 70

新石器时代

残长 5、残宽 5.1 厘米

泥质灰陶匜残片，灰胎。圆唇，带流。内
饰黑彩，腹部绘束腰形短线堆垒纹。口沿
内外壁饰黑彩一周。

🌸 **155. 彩陶钵 T311 ⑥：64**

新石器时代
残长 6.2、残宽 6.5 厘米

泥质红陶钵残片，灰胎。敞口，圆唇，弧腹。器外表施红色陶衣。腹部有一双面对钻圆孔，系烧后所钻。内饰黑彩，腹部绘纵向短线堆垒纹。

156. 彩陶钵 T310 ④ a ： 46

新石器时代

口径 23.8、残高 6.2 厘米

泥质红陶钵残片，灰胎。敞口，圆唇，弧腹，底
残。内饰黑彩，腹部绘纵向水波纹和"盆"字形短
线堆垒纹等组成的复合图案。口沿内壁饰黑彩一周。

157. 彩陶钵 T111 ③ ： 44

新石器时代

残长 6.3、残宽 5.1 厘米

泥质红陶钵残片，灰胎。敞口，圆唇，弧腹。
器外表施红色陶衣。内饰黑彩，腹部绘"盆"
字形短线堆垒纹。口沿内壁饰黑彩一周。

158. 彩陶钵 T311 ⑦ ： 50

新石器时代

口径 21.8、残高 4.7 厘米

泥质红陶钵残片，灰胎。敞口，圆唇，弧腹。内饰
黑彩，腹部绘多组纹样，其中一组呈"中"字形，
其余纹样残缺不明。口沿内壁饰黑彩一周。

159. 彩陶钵 T311 ⑤：1

新石器时代
残长 8.4、残宽 6.9 厘米

泥质红陶钵残片，灰胎。敞口，圆唇，弧腹。
内饰黑彩，腹部绘鼓腹形短线堆垒纹。口沿内
壁饰黑彩一周，外壁饰红彩一周。

160. 彩陶钵 T311 ⑥：71

新石器时代
残长 8.4、残宽 3.6 厘米

泥质红陶钵残片，灰胎。敞口，圆唇，
弧壁。内饰黑彩，腹部绘纵向短线堆垒
纹。口沿外壁饰红彩一周。

161. 彩陶钵 T211 ④：40

新石器时代

残长 11.6、残宽 6.1 厘米

泥质红陶钵残片，灰胎。敞口，圆唇，弧腹。内饰黑彩，腹部绘"H"形短线堆垒纹。口沿外壁饰红彩一周，内壁饰黑彩一周。

162. 彩陶钵 T211 ②：39

新石器时代

残长 12.6、残宽 5.4 厘米

泥质灰陶钵底，灰胎。平底。器外表施红色陶衣。内饰黑彩，腹及底部绘束腰形短线堆垒纹和"H"形双短线堆垒纹组成的复合图案。

163. 彩陶钵 T312 ⑤：66

新石器时代

残长 6.9、残宽 6.4 厘米

泥质红陶钵底，灰胎。平底，器外表施红色陶衣。
内饰黑彩，底部绘"H"形纵向短线堆垒纹。

164. 彩陶钵 T310 ⑤ a：64

新石器时代

残长 7.7、残宽 5.7 厘米

泥质红陶钵残片，灰胎。敞口，圆唇，弧腹。
内饰黑彩，口沿至腹部绘纵向短水波堆垒纹。
口沿内壁饰黑彩一周。

165. 彩陶钵 T311 ⑦：65

新石器时代

残长 13.1、残宽 5.2 厘米

泥质红陶钵残片，灰胎。敞口，圆唇，弧腹。器
外表施红色陶衣。内饰黑彩，口沿至腹部绘"H"
形短线堆垒纹。口沿内壁饰黑彩一周。

166. 彩陶钵 T311 ⑦：49

新石器时代

残长 5.4、残宽 6.4 厘米

泥质红陶钵残片，灰胎。敞口，圆唇，弧腹。
器外表施红色陶衣。内饰黑彩，口沿至腹部绘
"H"形短线堆垒纹。口沿内壁饰黑彩一周。

167. 彩陶器 T311 ⑨：29

新石器时代

残长 7、残宽 4.2 厘米

泥质红陶器残片，灰胎。器外表施红色
陶衣。内饰黑彩，绘短线堆垒纹。

168. 彩陶钵 T412 ⑦：17

新石器时代

残长 5.7、残宽 5.3 厘米

泥质红陶钵残片，灰胎。内饰黑彩，
腹部绘"H"形短线堆垒纹。

169. 彩陶钵 T310④a：69

新石器时代

残长 10、残宽 4.8 厘米

泥质红陶钵残片，灰胎。器外表施红色陶衣。
内饰黑彩，绘短线堆垒纹。

170. 彩陶钵 T310③：40

新石器时代

残长 6.3、残宽 5.8 厘米

泥质红陶钵残片，灰胎。敞口，圆唇，弧腹。
内饰黑彩，口沿至腹部绘"H"形堆垒短水
波纹。口沿内壁饰黑彩一周。

171. 彩陶钵 T310 ④ a ： 50

新石器时代

残长 6.8、残宽 6.2 厘米

泥质红陶钵残片，灰胎。敞口，圆唇，弧腹。内饰黑彩，口沿至腹部绘长水波纹和"H"形短水波堆垒纹组成的组合纹样。口沿内壁饰黑彩一周。

172. 彩陶钵 T211 ⑥ ： 14

新石器时代

残长 6.2、残宽 4.7 厘米

泥质红陶钵残片，灰胎。敞口，圆唇，弧腹。内饰黑彩，口沿至腹部绘纵向水波纹。口沿内壁饰黑彩一周。

173. 彩陶钵 T311 ⑨：27

新石器时代

残长 8.9、残宽 5.8 厘米

泥质红陶钵残片，灰胎。敞口，圆唇，弧腹。内饰黑彩，口沿至腹部绘纵向水波纹，纹样有绘图时所留刻划痕迹。口沿内壁饰黑彩一周。

174. 彩陶钵 T310 ⑤ a：90

新石器时代

残长 10.2、残宽 5.7 厘米

泥质红陶钵底，灰胎。平底。内饰黑彩，腹部绘"H"形短水波堆垒纹和残缺不清的短水波堆垒纹。

175. 彩陶匜 T211 ⑥：10

新石器时代

口径 13.7、高 9.3、底径 7.2 厘米

泥质红陶匜残片,灰胎。敞口,圆唇,带流,斜直腹,平底。器外表施红色陶衣。内饰黑彩,腹部绘三组"H"形横向短线堆垒纹。口沿内壁饰黑彩一周。

176. 彩陶匜 T311 ⑥：69

新石器时代

残长 7.8、残宽 3.8 厘米

泥质红陶匜残片，灰胎。敞口，圆唇，斜直腹。
内饰黑彩，口沿至腹部绘排列规律的平行横向
短线堆垒纹。口沿内壁饰黑彩一周。

177. 彩陶匜 T311 ⑥：45

新石器时代

残长 10、残宽 4.6 厘米

泥质红陶匜残片，灰胎。敞口、圆唇、带流，斜直腹。腹壁有一双面对钻圆孔，系烧后所钻。器外表施红色陶衣。内饰黑彩，口沿至腹部绘排列规律的平行横向短线堆垒纹。口沿外壁和内壁皆饰黑彩一周。

178. 彩陶匜 T310 ④ a ： 43

新石器时代

残长 14.8、残宽 7.9 厘米

泥质红陶匜残片，灰胎。敞口，圆唇，带流，弧腹。器
外表施红色陶衣。内饰黑彩，口沿至腹部绘数列相连的
平行分布的横向短线条纹，每列短线由数组不相连的双
条短线组成。口沿内壁饰黑彩一周。

 179. 彩陶匜 T211④：57

新石器时代

残长 5.2、残宽 5.7 厘米

泥质红陶匜残片，灰胎。敞口，圆唇，斜直
腹。器外表施红色陶衣。内饰黑彩，口沿至腹
部绘横向短线堆垒纹。口沿内壁饰黑彩一周。

180. 彩陶钵 T111 ③：41

新石器时代

残长 9.6、残宽 6.7 厘米

泥质红陶钵残片，灰胎。敞口，圆唇，弧腹。器外
表施红色陶衣。内饰黑彩，腹部绘横向短线堆垒纹。
口沿外壁饰红彩一周，内壁饰黑彩一周。

181. 彩陶钵 T311⑫：48

新石器时代

残长 8.4、残宽 7.6 厘米

泥质红陶钵残片，灰胎。敞口，圆唇，斜直腹。内饰黑彩，口沿至腹部绘平行排列的横向短线堆垒纹。口沿内壁饰黑彩一周。

182. 彩陶匜 T310③：1

新石器时代

残长 13.5、残宽 8.4 厘米

泥质红陶匜残片，灰胎。直口，圆唇，斜直腹。内饰黑彩，腹部绘数列相连的平行分布的横向短水波纹，每列由三组不相连的双条短水波纹组成。口沿内壁饰黑彩一周。

183. 彩陶钵 T311 ⑦ ： 100

新石器时代

残长 6.6、残宽 4.7 厘米

泥质红陶钵残片，灰胎。敞口，圆唇，弧腹。内
饰黑彩，腹部绘横向束腰形短线堆垒纹。口沿外
壁饰红彩一周，内壁饰黑彩一周。

184. 彩陶匜 T311⑩：13

新石器时代

残高 3.4、底径 7.2 厘米

泥质红陶匜底，灰胎。平底。内饰黑彩，腹部绘
横向短线堆垒纹，底部残存纹样应为太阳纹。

 186. 彩陶钵 T310 ⑤ a ： 52

新石器时代

残长 7.4、残宽 6.2 厘米

泥质红陶钵残片，灰胎。敞口，圆唇，弧腹。器外表施红色陶衣。内饰黑彩，口沿至腹部绘格带纹，纹样有绘图时所留刻划痕迹。口沿内壁饰黑彩一周。

 187. 彩陶钵 T310 ④ a ： 37

新石器时代

残长 5.5、残宽 5.9 厘米

泥质红陶钵残片，灰胎。敞口，圆唇，弧腹。器外表施红色陶衣。内饰黑彩，口沿至腹部绘格带纹。口沿内壁饰黑彩一周。

188. 彩陶钵 T311 ⑥：47

新石器时代

残长 8.7、残宽 7.4 厘米

泥质红陶钵残片，灰胎。敞口，圆唇，弧腹。
内饰黑彩，口沿至腹部绘纵向格带纹。口沿
内壁饰黑彩一周。

189. 彩陶钵 T312 ⑤：30

新石器时代

残长 9.6、残宽 8.5 厘米

泥质红陶钵残片，灰胎。敞口，圆唇，弧腹。内饰黑彩，
口沿至腹部绘格带纹。口沿内壁饰黑彩一周。

190. 彩陶钵 T310 ④ a ： 36

新石器时代

残长 6.2、残宽 6 厘米

泥质红陶钵残片，灰胎。敞口，圆唇，弧腹。内饰黑彩，口沿至腹部绘格带纹，纹样有绘图时所留刻划痕迹。口沿内壁饰黑彩一周。

191. 彩陶钵 T411 ⑦ ： 28

新石器时代

残长 5.7、残宽 5.3 厘米

泥质灰陶钵残片，灰胎。内饰黑彩，腹部绘格带纹。

192. 彩陶钵 T311 ⑥ : 75

新石器时代

残长 6.6、残宽 5.7 厘米

泥质红陶钵残片，灰胎。器外表施红色陶衣。
内饰黑彩，绘纵向格带纹。

193. 彩陶钵 T211 ⑥ : 12

新石器时代

残长 11、残宽 6.6 厘米

泥质红陶钵底，灰胎。微圜底。内饰红彩，底
部绘格带纹，纹样有绘图时所留刻划痕迹。

194. 彩陶钵 T311 ⑨：31

新石器时代

残长 7.6、残宽 6.1 厘米

泥质红陶钵残片，灰胎。敞口，圆唇，弧腹。内饰黑彩，口沿至腹部绘纵向格带纹。口沿内壁饰黑彩一周。

195. 彩陶钵 T411 ⑦：27

新石器时代

残长 5.2、残宽 4.8 厘米

泥质红陶钵底，灰胎。平底。内饰黑彩，腹至底部绘格带纹。

九　菱格条带纹

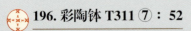

196. 彩陶钵 T311 ⑦：52

新石器时代

口径 20.4、高 4.6、底径 8.4 厘米

泥质红陶钵残片，灰胎。敞口，圆唇，弧腹，平底。内饰
黑彩，口沿至腹部绘菱格条带纹。口沿内壁饰黑彩一周。

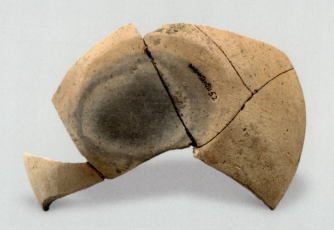

197. 彩陶钵 T412 ⑧ ：13

新石器时代

残长 6.2、残宽 5.6 厘米

泥质红陶钵残片，灰胎。敞口，圆唇，弧腹。内饰黑彩，口沿至腹部绘菱格条带纹。口沿内壁饰黑彩一周。

198. 彩陶匜 T310 ④ a ： 54

新石器时代

残长 11.8、残宽 6.6 厘米

泥质红陶匜残片，灰胎。微敞口，圆唇，弧腹近直。器外表施红色陶衣。内饰黑彩，腹部饰菱格条带纹。口沿内壁饰黑彩一周。

199. 彩陶匜 T211 ④：56

新石器时代

残长 6.6、残宽 6.5 厘米

泥质红陶匜残片，灰胎。敞口，圆唇，斜直腹。
器外表施红色陶衣。内饰黑彩，口沿至腹部绘
菱格条带纹。口沿内壁饰黑彩一周。

200. 彩陶匜 T311 ⑦：75

新石器时代

残长 9.4、残宽 5.7 厘米

泥质红陶匜残片，灰胎。敞口，圆唇，带流。内饰黑彩，口沿至腹部绘菱格条带纹，纹样有绘图时所留刻划痕迹。口沿内壁饰黑彩一周。

201. 彩陶匜 T211 ⑤ : 40

新石器时代

残长 13.1、残宽 6.8 厘米

泥质红陶匜残片，灰胎。敞口，圆唇，带流，口
下侧有一周凸棱，斜直腹。内饰红褐彩，腹部绘
菱格条带纹。口沿内壁饰红褐彩一周。

202. 彩陶匜 T311 ⑥：68

新石器时代

残宽 4.4、残高 7.1 厘米

泥质红陶匜残片，灰胎。直口，圆唇。内饰黑彩，口沿至腹部绘菱格条带纹。口沿内壁饰黑彩一周。

203. 彩陶钵 T311 ⑦：108

新石器时代

残长 7.2、残宽 4 厘米

泥质红陶钵残片，灰胎。敞口，圆唇，弧腹。内饰黑彩，腹部绘菱格条带纹，纹样有绘图时所留刻划痕迹。口沿内壁饰黑彩一周。

204. 彩陶匜 T311 ⑦：74

新石器时代

残长 10.6、残宽 7.1 厘米

泥质红陶匜残片，灰胎。斜直口，圆唇，带流。
内饰黑彩，口沿至腹部绘菱格条带纹和纵向短线
堆垒纹组成的复合图案，纹样有绘图时所留刻划
痕迹。口沿内壁饰黑彩一周。

205. 彩陶钵 T311 ⑦：4

新石器时代

口径 16.8、高 5.3、底径 8.4 厘米

泥质红陶钵残片，灰胎。敞口，圆唇，弧腹斜收，平底。器外表施红色陶衣。内饰黑彩，腹及底部绘多组菱格条带纹。口沿内壁饰黑彩一周。

206. 彩陶钵 T312 ⑤：35

新石器时代

残长 7.5、残宽 4.4 厘米

泥质红陶钵残片，灰胎。敞口，圆唇，弧腹，
腹部有一耳，中间贯穿一孔。内饰黑彩，腹部
绘菱格条带纹。口沿内壁饰黑彩一周。

207. 彩陶匜 T312 ⑤：57

新石器时代

残高 4.5、底径 8.5 厘米

泥质灰陶匜残片，灰胎。平底。内饰
黑彩，腹部绘菱格条带纹。

208. 彩陶匜 T211 ④：53

新石器时代

残长 4.6、残宽 6.1 厘米

泥质红陶匜残片，灰胎。敞口，圆唇，斜直腹。内饰黑彩，腹部绘菱格条带纹，纹样有绘图时所留刻划痕迹。口沿外壁饰红彩一周，内壁饰黑彩一周。

209. 彩陶钵 T311 ⑤：71

新石器时代

残长 6.7、残宽 5.8 厘米

泥质红陶钵残片，灰胎。内饰黑彩，绘菱格条带纹。

一〇　菱格网纹

210. 彩陶钵 T310 ④ a ： 76

新石器时代

残长 8.6、残宽 5.3 厘米

泥质红陶钵残片，灰胎。敞口，圆唇，弧腹。器外表施红色陶衣。内饰黑彩，口沿至腹部绘菱格网纹。口沿内壁饰黑彩一周。外壁有数道刻划纹，残缺不全。

 211. 彩陶钵 T211 ⑥：27

新石器时代

残长 6.4、残宽 3.3 厘米

泥质红陶钵残片，灰胎。器表施红色陶衣。
内饰黑彩，绘菱格网纹，纹样有绘图时所
留刻划痕迹。

一 卦形纹

212. 彩陶匜 T310 ⑤ c：6

新石器时代
残长 7.4、残宽 8 厘米

泥质灰陶匜残片，灰胎。敞口，圆唇，弧腹
近直。器外表施红色陶衣。内饰黑彩，口沿
至腹部饰卦形纹。口沿内壁饰黑彩一周。

213. 彩陶匜 T310 ⑤ a ： 57

新石器时代

残长 5.2、残宽 5 厘米

泥质红陶匜残片，灰胎。内饰黑彩，口沿至腹部饰卦形纹，口沿内壁饰黑彩一周。

214. 彩陶匜 T310 ④ a ： 42

新石器时代

残高 7、残宽 4 厘米

泥质红陶匜残片，灰胎。近直口，圆唇，弧腹近直。内饰黑彩，口沿至腹部绘一周上下错列的正倒三角形纹、两周横向水波纹、卦形纹等组成的复合图案。口沿内壁饰黑彩一周。

215. 彩陶匝 T211 ⑦：13

新石器时代

残长 6.5、残宽 4 厘米

泥质红陶匝残片，灰胎。敞口，圆唇，斜直腹。
内饰黑彩，腹部绘三角形纹、宽带纹和卦形纹等
组成的复合图案。口沿内壁饰黑彩一周。

216. 彩陶匜 T411 ⑦：18

新石器时代

残长 12.1、残高 13.8 厘米

泥质红陶匜残片，灰胎。敞口近直，圆唇，带流，
斜直腹。内饰黑彩，口沿至腹部绘卦形纹和横向水
波纹组成的组合图案。口沿内壁饰黑彩一周。

217. 彩陶钵 T512 ⑧：31

新石器时代

残长 4.5、残宽 5.8 厘米

泥质红陶钵残片，灰胎。敞口，圆唇，弧腹。
口沿内侧有数道刻划弦纹。内饰黑彩，口沿至
腹壁位置绘卦形纹。

一二　横向线条纹

218. 彩陶匜 T310 ③ ： 36

新石器时代

残长 10.8、残宽 6.6 厘米

泥质红陶匜残片，灰胎。敞口，圆唇，弧腹。内饰黑彩，腹部绘数行不相连平行分布的横向短水波纹和长水波纹组成的复合图案，每两行短水波纹中间为一行长水波纹。口沿内壁饰黑彩一周。

219. 彩陶钵 T310 ④ a ： 77

新石器时代

残长 7.9、残宽 5.2 厘米

泥质红陶钵残片，灰胎。敞口，圆唇，弧腹。内饰黑彩，腹部绘数行平行分布的横向短水波纹和长水波纹组成的复合图案，每两行短水波纹中间为一条长水波纹。口沿内壁饰黑彩一周。

 220. 彩陶钵 T512⑧：32

新石器时代

残长 10.3、残宽 8.6 厘米

泥质红陶钵残片，灰胎。敞口，圆唇，斜直腹。
内饰黑彩，腹部绘数行排列规律的横向短水波
线和横向长水波线组成的复合图案。

221. 彩陶匜 T311 ⑦：45

新石器时代

残长 8.4、残宽 6.9 厘米

泥质灰陶匜残片，灰胎。敞口，圆唇，带流，斜直腹。
内饰黑彩，口沿至腹部绘平行排列的横向长水波纹和
短水波纹组成的复合图案。口沿内壁饰黑彩一周。

222. 彩陶匜 T310 ④ a：78

新石器时代

残长 8.1、残宽 6.6 厘米

泥质红陶匜残片，灰胎。直口微敞，圆唇，弧腹。内
饰黑彩，腹部绘数行近乎平行分布的横向长水波纹和
短水波纹组成的复合图案。口沿内壁饰黑彩一周。

223. 彩陶匜 T310 ⑤ a ：45

新石器时代

残长 6.2、残宽 6.1 厘米

泥质红陶匜残片，灰胎。直口，圆唇，斜直腹。内饰黑彩，口至腹部绘数列相连的平行分布的横向短水波纹，每列由数组不相连的双条短水波纹组成。口沿内壁饰黑彩一周。

224. 彩陶匜 T310 ④ a ：55

新石器时代

残长 6.2、残宽 7.4 厘米

泥质红陶匜残片，灰胎。直口，圆唇，器外表施红色陶衣。内饰黑彩，腹部绘数列相连的平行分布的横向短水波纹，每列由数组不相连的双条短水波纹组成。口沿内壁饰黑彩一周。

225. 彩陶钵 T409 ② ：10

新石器时代

残长 5.4、残宽 4.2 厘米

泥质红陶钵残片，灰胎。敞口，圆唇，弧腹。
内饰黑彩，腹部绘横向平行分布的短水波纹。
口沿内壁饰黑彩一周。

226. 彩陶钵 T310 ⑤ a ：46

新石器时代

残长 10.4、残宽 5.1 厘米

泥质红陶钵残片，灰胎。敞口，圆唇，弧腹。
内饰红彩，口至腹部绘数列相连的平行分布的
横向短水波纹，每列由数组不相连的双条短水
波纹组成。口沿内外饰红彩一周。

227. 彩陶钵 T311 ⑦ ： 46

新石器时代
残长 7.1、残宽 6.3 厘米

泥质红陶钵残片，灰胎。敞口，圆唇，斜直腹。
内饰黑彩，绘平行排列的横向长线条和短线条
组成的复合图案。口沿内壁饰黑彩一周。

228. 彩陶钵 T311 ⑦ ： 101

新石器时代
残长 7.9、残宽 6 厘米

泥质灰陶钵残片，灰胎。敞口，圆唇，斜直腹，器外
表施红色陶衣。内饰黑彩，绘平行排列的横向长线条
和短线条组成的复合图案。口沿内壁饰黑彩一周。

229. 彩陶匜 T310 ②：18

新石器时代

底径 7.9、残高 7 厘米

泥质红陶匜底，灰胎。斜直腹，平底。内饰黑彩，腹部绘数行近乎平行的横向短线纹和横向长线纹组成的复合图案，纹样有绘图时所留刻划痕迹，每道短线和长线似以左侧为起笔，向右提笔收尾。

230. 彩陶匜 T311 ⑥ : 84

新石器时代
残长 8.8、残宽 6.2 厘米

泥质红陶匜残片，灰胎。内饰黑彩，腹部绘平
行排列的横向长线和短线组成的复合图案。

231. 彩陶钵 T310 ④ a : 79

新石器时代
残长 10.1、残宽 5.4 厘米

泥质红陶钵残片，灰胎。敞口，圆唇，弧腹，器
外表施红色陶衣。内饰黑彩，口至腹部绘一列近
平行分布的横向短水波纹。口沿内壁饰黑彩一周。

232. 彩陶钵 T311 ⑤ ： 38

新石器时代

残长 8.4、残宽 7 厘米

泥质红陶钵残片，灰胎。敞口，圆唇，弧腹。
内饰黑彩，腹部绘多组"w"形纹。口沿内壁
饰黑彩一周，外壁饰红彩一周。

233. 彩陶钵 T310 ⑤ a ： 49

新石器时代

残长 4.6、残宽 5.4 厘米

泥质红陶钵残片，灰胎。敞口，圆唇，弧腹。内
饰黑彩，口沿至腹部绘纵向长水波纹和短水波纹
组成的复合图案。口沿内壁饰黑彩一周。

一三 纵向线条纹

234. 彩陶钵 T310⑤a∶48

新石器时代

残长 5.9、残宽 5.8 厘米

泥质红陶钵残片，灰胎。敞口，圆唇，弧腹。内饰红彩，口沿至腹部绘纵向长水波纹和短水波纹组成的复合图案。口沿内壁饰红彩一周。

235. 彩陶钵 T310⑤a∶47

新石器时代

残长 13.7、残宽 4.3 厘米

泥质红陶钵残片，灰胎。敞口，圆唇，弧腹，腹部有一双面对钻孔，系烧后所钻。内饰黑彩，口沿至腹部位置绘长水波纹和短水波纹组成的复合图案。口沿内壁饰黑彩一周。

236. 彩陶钵 T310 ⑤ a ： 99

新石器时代

残长 7.8、残宽 6.3 厘米

泥质红陶钵残片，灰胎。内饰黑彩，腹部绘纵向长水波纹和短水波纹组成的复合图案。

237. 彩陶钵 T310 ⑤ a ： 89

新石器时代

残长 12.1、残宽 7.1 厘米

泥质红陶钵底，灰胎。平底。内饰黑彩，腹部至器底位置绘纵向长水波纹和短水波纹组成的复合图案。

238. 彩陶钵 T310 ④ a ： 60
___
新石器时代

残长 13.2、残宽 8.4 厘米

泥质红陶钵底，灰胎。平底。内饰黑彩，腹部至器底位置绘纵向长水波纹和短水波纹组成的复合图案。

239. 彩陶钵 T312 ③： 41
___
新石器时代

残长 13、残宽 4.9 厘米

泥质红陶钵残片，灰胎。内饰黑彩，腹部绘纵向水波纹。

240. 彩陶钵 T311 ⑨：63

新石器时代

残长 7.2、残宽 8.4 厘米

泥质红陶钵残片，灰胎。内饰黑彩，
腹部绘纵向水波纹。

241. 彩陶钵 T311 ⑦：82

新石器时代

残长 10、残宽 5.9 厘米

泥质红陶钵残片，灰胎。敞口，圆唇，弧腹。
内饰黑彩，口沿至腹部绘纵向水波纹。口沿外
壁饰红彩一周，内壁饰黑彩一周。

242. 彩陶匜 T411 ⑦：7

新石器时代

口径 16、高 8.8、底径 7.6 厘米

泥质红陶匜残片，灰胎。敞口，圆唇，斜直腹，
微圜底。内饰黑彩，口沿至腹部绘纵向水波纹。
口沿内壁饰黑彩一周。

243. 彩陶钵 T311 ⑦：55

新石器时代

残长 14.6、残宽 9.4 厘米

泥质红陶钵残片，灰胎。敞口，圆唇，弧腹。器外表施红色陶衣。内饰黑彩，口沿至腹部绘纵向水波纹，纹样有绘图时所留刻划痕迹。口沿内壁饰黑彩一周。

244. 彩陶钵 T512 ④：37

新石器时代

残长 11.1、残高 2.6 厘米

泥质红陶钵底，灰胎。弧腹，平底。器外表施红色陶衣。内饰黑彩，腹底位置绘纵向水波纹和短线堆垒纹组成的复合图案。

 245. 彩陶钵 T310 ③：33

新石器时代
残长 9.4、残宽 7.3 厘米

泥质红陶钵残片，灰胎。敞口、圆唇、弧腹。内
饰黑彩，口沿至腹部绘两组纵向长水波纹，每组
有三条长水波纹，长水波纹间绘有数行短线，每
两行短线中间填充四条纵向短水波纹、对称"C"
形纹。口沿内壁饰黑彩一周。

246. 彩陶匜 T310 ④ a ： 61

新石器时代

底径 8.8、残高 8.6 厘米

泥质红陶匜底，灰胎。平底。内饰黑彩，
腹部绘由纵向短水波纹和横向长线纹组成
的复合图案，纹样残缺不全。

247. 彩陶钵 T311 ⑦：60

新石器时代

残长 15.2、残宽 5.4 厘米

泥质红陶钵残片，灰胎。敞口，圆唇，弧腹。内
饰黑彩，口沿至腹部绘水波线条组成的几何纹样。
口沿外壁饰红彩一周，内壁饰黑彩一周。

248. 彩陶钵 T311 ⑨：67

新石器时代

残长 12.3、残宽 6.8 厘米

泥质红陶钵残片，灰胎。弧腹。器外表施红色陶衣。
内饰黑彩，腹部绘束腰形纵向多条宽带纹，纹样有
绘图时所留刻划痕迹。口沿内壁饰黑彩一周。

249. 彩陶钵 T312 ④：20

新石器时代

残长 6.7、残宽 5.4 厘米

泥质红陶钵残片，灰胎。敞口，圆唇，弧腹。内饰黑彩，口沿至腹部绘纵向双带纹。口沿内壁饰黑彩一周。

250. 彩陶钵 T312 ⑤：64

新石器时代

残长 8.1、残宽 5.7

泥质红陶钵残片，灰胎。内饰黑彩，腹部绘纵向双带纹。

 251. 彩陶钵 T311 ⑤：49

新石器时代

残长 7.4、残宽 5 厘米

泥质红陶钵残片，灰胎。敞口，圆唇。器外表
施红色陶衣。内饰黑彩，口沿至腹部绘纵向双
宽带纹。口沿内壁饰黑彩一周。

252. 彩陶钵 T311 ⑦：48

新石器时代

残长 12.4、残宽 5.9 厘米

泥质红陶钵残片，灰胎。敞口，圆唇，弧腹。
器外表施红色陶衣。内饰黑彩，口沿至腹部绘
纵向双宽带纹。口沿内壁饰黑彩一周。

一四　心形纹

253. 彩陶匜 T311 ⑥：8

新石器时代

残长 13.4、高 9.4 厘米

泥质红陶匜残片，灰胎。斜直口，圆唇，弧腹，带流。器外表施红色陶衣。内饰黑彩，腹部绘两周对称三角形带纹和上下错列的正倒心形纹组成的复合图案。口沿内壁饰黑彩一周。

254. 彩陶钵 T311 ⑤：35

新石器时代

残宽 6.2、残高 9 厘米

泥质红陶钵残片，灰胎。近直口，圆唇，弧腹近直。器外表施红色陶衣。内饰黑彩，近口沿和下腹绘三角形带纹，上腹绘上下错列心形纹。口沿外壁饰红彩一周，内壁饰黑彩一周。

255. 彩陶钵 T310 ⑤ a：53

新石器时代

残长 7.2、残宽 4.9 厘米

泥质红陶钵底，灰胎。平底。内饰黑彩，底部居中位置绘心形纹。

256. 彩陶匜 T312 ⑥ : 5

新石器时代

残长 7.4、残宽 5.1 厘米

泥质红陶匜残片，灰胎。平底。内饰黑彩，底部位置绘心形纹。

257. 彩陶钵 T211 ④ : 47

新石器时代

残长 6.1、残宽 5.4 厘米

泥质红陶钵残片，灰胎。敞口，圆唇，弧腹。内饰红彩，口沿至腹部绘左右对称的心形纹。口沿内壁饰红彩一周。

258. 彩陶钵 T311 ④：48

新石器时代

残长 5.4、残宽 4.2 厘米

泥质红陶钵残片，灰胎。内饰黑彩，
腹部绘四组心形纹。

259. 彩陶钵 T212 ③：2

新石器时代

残长 4.7、残宽 4.1 厘米

泥质红陶钵残片，灰胎。内饰黑彩，腹部绘对称
心形纹和半圆形几何纹组成的复合图案。

一五　贝形纹

260. 彩陶钵 T312 ⑦：8

新石器时代
残长 7.4、残宽 5.8 厘米

泥质红陶钵残片，灰胎。敞口，圆唇，弧腹。
器外表施红色陶衣。内饰黑彩，口沿至底部
绘对称贝形纹。口沿内壁饰黑彩一周。

261. 彩陶钵 T311 ④：43

新石器时代
残长 5.1、残宽 4.2 厘米

泥质红陶钵残片，灰胎。敞口，圆唇，弧腹。
内饰黑彩，腹部绘对称贝形纹。口沿内壁饰黑
彩一周。

 262. 彩陶钵 T312 ⑤：26

新石器时代

残长 8、残宽 4.7 厘米

泥质红陶钵残片，灰胎。敞口，圆唇，弧腹。内饰黑彩，腹部饰对称贝形纹。口沿内壁饰黑彩一周。

一六　其他纹样

 263. 彩陶钵 T211 ④：35

新石器时代

残长 18.8、残宽 10.6 厘米

泥质红陶钵残片，灰胎。敞口，圆唇，弧腹。内饰黑彩，腹部绘弧边长方形内填三角形网格纹和四个对称分布的勾角三角形纹组成的复合图案。口沿内壁饰黑彩一周，唇部饰红彩一周。

264. 彩陶钵 T212④：21

新石器时代

残长 13.7、残宽 6.8 厘米

泥质红陶钵残片，灰胎。弧腹。内饰黑彩，腹部
饰弧边长方形内填三角形网格纹和四个对称分布
的勾角三角形纹组成的复合图案。

265. 彩陶钵 T212 ② ： 17

新石器时代

残长 5.7、残宽 4.4 厘米

泥质红陶钵底，灰胎。平底。内饰黑彩，
腹至底部绘缠绕索带纹。

266. 彩陶钵 T412 ③ ： 42

新石器时代

残长 5.5、残宽 4.3 厘米

泥质红陶钵底，灰胎。平底。内饰黑彩，底部
位置绘心形纹和缠绕索带纹组成的复合图案。

267. 彩陶钵 T212 ⑥：28

新石器时代

残长 14、高 7.1 厘米

泥质红陶钵残片，灰胎。敞口，圆唇，弧腹，
平底。内饰黑彩，口沿至底部位置绘方格索
带纹。口沿内壁饰黑彩一周。

268. 彩陶钵 T312 ③：34

新石器时代

残长 6.4、残宽 4.6 厘米

泥质红陶钵残片，灰胎。敞口，圆唇，弧腹。内饰黑彩，口沿至腹部绘蝴蝶形纹。口沿内壁饰黑彩一周。

269. 彩陶钵 T314 ⑪：15

新石器时代

残长 5.5、残宽 4.8 厘米

泥质红陶钵残片，灰胎。敞口，圆唇，弧腹。内饰黑彩，腹部绘对称几何形纹饰，形似昆虫。口沿内壁饰黑彩一周。

270. 彩陶钵 T211 ⑦：14

新石器时代

残长 6.1、残宽 4.5 厘米

泥质红陶钵残片，灰胎。圆唇，敞口。内饰黑彩纹饰，形似动物。口沿内壁饰黑彩一周。

271. 彩陶匜 T411 ⑦：26

新石器时代

残长 8、残宽 3.7 厘米

泥质灰陶匜残片，灰胎。直口，圆唇。内饰黑彩，腹部绘蛙形纹。口沿内壁饰黑彩一周。

272. 彩陶钵 T211 ⑤：30

新石器时代

残长 17.1、残宽 7.8 厘米

泥质红陶钵残片，灰胎。敞口，方圆唇，弧腹。器外表
施红色陶衣。内饰黑彩，口沿至腹部绘纵向栅栏形纹
样。口沿外壁饰红彩一周，内壁饰黑彩一周。

273. 彩陶钵 T311 ⑤：43

新石器时代

残长 5.8、残宽 5.3 厘米

泥质红陶钵残片，灰胎。敞口，圆唇，弧腹。
内饰黑彩，腹部绘对称几何纹。口沿外壁饰
红彩一周，内壁饰黑彩一周。

274. 彩陶钵 T311 ⑨ ：51

新石器时代

残长 6.7、残宽 4.8 厘米

泥质红陶钵残片，灰胎。敞口，圆唇，弧腹。口沿下
有一双面对钻圆孔，系烧后所钻。内饰黑彩，腹部绘
对称几何纹。口沿外壁饰红彩一周，内壁饰黑彩一周。

275. 彩陶钵 H688 ： 7

新石器时代

残长 9.2、残宽 7.4 厘米

泥质红陶钵残片，灰胎。敞口，圆唇，弧腹。内
饰黑彩，腹部绘菱格纹，菱格纹的四侧各绘平行
短直线两条。口沿内壁饰黑彩一周。

276. 彩陶钵 T411 ② ： 70

新石器时代

残长 5.2、残宽 4.1 厘米

泥质红陶钵底，灰胎。平底。内饰黑彩，
底部位置绘内部呈"8"字形两侧为对称
"W"形的复合图案。

277. 彩陶钵 T211 ⑦ ： 17

新石器时代

残长 10.6、残宽 6.4 厘米

泥质红陶钵残片，灰胎。敞口，圆唇，弧腹。
内饰黑彩，腹部绘水滴形纹和对称半弧纹组成
的复合图案。口沿内壁饰黑彩一周。

278. 彩陶钵 T411 ⑤：15

新石器时代

残长 4.6、残宽 4.4 厘米

泥质红陶钵残片，灰胎。敞口，圆唇，弧腹。内饰黑彩，腹部绘"《》"形纹。口沿内外壁饰黑彩一周。

279. 彩陶钵 T212 ②：15

新石器时代

残长 10、残宽 4.8 厘米

泥质红陶钵残片，灰胎。敞口，圆唇，弧腹。内饰黑彩，腹部绘四组目形纹。口沿内壁饰黑彩一周。

280. 彩陶钵 T211 ③：42

新石器时代

残长 5.4、残宽 6.4 厘米

泥质红陶钵残片，灰胎。敞口，圆唇，弧腹，腹部有一泥凸装饰。器外表施红色陶衣。内饰红彩，腹部绘涡旋纹。口沿内壁饰红彩一周。

 281. 彩陶钵 T311⑤：59

新石器时代

残长 6.6、残宽 5.4 厘米

泥质红陶钵残片，灰胎。内饰黑彩，腹部绘双旋形纹。

 282. 彩陶钵 T211③：40

新石器时代

残长 6.5、残宽 3.2 厘米

泥质红陶钵残片，灰胎。敞口，圆唇，弧腹。内饰黑彩，腹壁饰复合"〜"形纹。口沿内壁饰黑彩一周。

283. 彩陶钵 T311 ⑤：55

新石器时代

残长 5.2、残宽 6.3 厘米

泥质灰陶钵残片，灰胎。敞口，圆唇，弧腹。
内饰黑彩，腹部绘回旋勾连纹。口沿内壁饰
黑彩一周。

284. 彩陶钵 T212 ④：23

新石器时代

残长 4.9、残宽 4.7 厘米

泥质红陶钵残片，灰胎。敞口，圆唇，
弧腹。内饰红褐彩，腹部绘双 "ᨉ" 形
纹。口沿内壁饰红褐彩一周。

285. 彩陶钵 T311 ⑦：112

新石器时代

残长 7.2、残宽 5 厘米

泥质红陶钵残片，灰胎。敞口，圆唇，弧腹。器外表施红色陶衣。内饰黑彩，腹部绘一组双重短线水波纹。口沿内壁饰黑彩一周。

286. 彩陶片 T311 ⑦：118

新石器时代

残长 7.7、残宽 3.6 厘米

泥质红陶钵残片，灰胎。敞口，圆唇。内饰黑彩，口沿至腹部绘 "11" 形纹。口沿内壁饰黑彩一周。

287. 彩陶钵 T211 ⑤：38

新石器时代

残长 10.9、残宽 4.9 厘米

泥质红陶钵残片，灰胎。敞口，圆唇，弧腹。
内饰黑彩，腹部绘"Ⅱ"形纹。口沿内壁饰
黑彩一周。

288. 彩陶钵 T311 ⑦：142

新石器时代

残长 11、残宽 8.9 厘米

泥质红陶钵底，灰胎。平底。内饰黑彩，腹
至底部绘上下叠加的"Ⅱ"形纹。

289. 彩陶钵 T311 ⑨：2

新石器时代

残长 9.3、残宽 9.4 厘米

泥质灰陶钵残片，灰胎。敞口，圆唇，弧腹。内饰黑彩，口沿至腹部绘纵向水波纹、"<"形纹和">"形纹等组成的复合图案。口沿内壁饰黑彩一周。

290. 彩陶钵 T311⑥：65

新石器时代

残长 6.8、残宽 5.1 厘米

泥质红陶钵残片，灰胎。敞口，圆唇，弧腹。内饰黑彩，腹部绘"X"形纹。口沿内壁饰黑彩一周。

291. 彩陶钵 T311⑥：82

新石器时代

残长 9.8、残宽 6.4 厘米

泥质红陶钵残片，灰胎。内饰黑彩，腹部绘对称"W"形纹。

292. 彩陶钵 D1872 ： 1

新石器时代

残长 4.1、残宽 3.1 厘米

泥质红陶钵残片，灰胎。内饰黑彩，绘几何纹，纹样残缺不全。

293. 彩陶钵 T414 ② ： 27

新石器时代

残长 5.9、残宽 5.8 厘米

泥质红陶钵残片，灰胎。内饰黑彩，绘联珠纹。

294. 彩陶钵 T312 ④：26

新石器时代

残长 6、残宽 5 厘米

泥质红陶钵残片，灰胎。内饰黑彩，绘曲
线和双波浪线纹组成的复合图案。

295. 彩陶钵 T310 ④ a：87

新石器时代

残长 6.8、残宽 5.2 厘米

泥质红陶钵残片，灰胎。敞口，圆唇，弧腹。内饰黑彩，
腹部绘几何梳齿形纹。口沿内壁饰黑彩一周。

296. 彩陶钵 T311 ⑦ ∶ 83

新石器时代

残长 5.8、残宽 6.7 厘米

泥质红陶钵残片，灰胎。口微敛，圆唇，弧腹。内饰黑彩，口沿至腹部绘束腰形网格纹，纹样有绘图时所留刻划痕迹。口沿外壁饰红彩一周，内壁饰黑彩一周。

297. 彩陶匜 T211 ⑦ ∶ 22

新石器时代

残长 14.7、宽 6.6 厘米

泥质红陶匜残片，灰胎。敞口，方圆唇，弧腹近直。内饰黑彩，口沿至腹壁位置绘长方形纹样，长方形纹样内填数道平行线条。口沿外壁饰红彩一周，内壁饰黑彩一周。

298. 彩陶钵 T211 ⑦：30

新石器时代

残长 11.4、残宽 7.9 厘米

泥质红陶钵残片，灰胎。内饰红彩，绘
对称几何形纹饰。

299. 彩陶片 T311 ⑨：41

新石器时代

残长 8、残宽 4.4 厘米

泥质红陶钵残片，灰胎。敞口，圆唇，弧腹。
内饰黑彩，口沿至腹壁位置绘纵向链条形纹。
口沿内壁饰黑彩一周。

300. 彩陶片 T311 ⑥：87

新石器时代

残长 8.4、残宽 4.7 厘米

泥质红陶钵残片，灰胎。内饰黑彩，绘纵向链条形纹。

301. 彩陶钵 T312 ⑤：33

新石器时代

残长 9.8、残宽 7.2 厘米

泥质红陶钵残片，灰胎。敞口，圆唇，弧腹。内饰黑彩，腹部绘串珠形纹样。口沿外壁饰红彩一周，内壁饰黑彩一周。

302. 彩陶钵 T211 ⑤：37

新石器时代

残长 14、残宽 6.2 厘米

泥质红陶钵残片，灰胎。敞口，圆唇，弧腹。
内饰黑彩，腹部绘羊角形纹。口沿外壁饰
红彩一周，内壁饰黑彩一周。

303. 彩陶钵 T211 ⑥：13

新石器时代

残长 12.9、残宽 7.4 厘米

泥质红陶钵残片，灰胎。敞口，圆唇，弧腹。
内饰红彩，腹部绘横向水波纹和纵向水波纹等
组成的复合图案，底部所绘纹饰残缺不全。口
沿内壁饰红彩一周。

304. 彩陶钵 T311 ⑥：39

新石器时代

残长 8.3、残宽 5.8 厘米

泥质红陶钵残片，灰胎。敞口，圆唇，弧腹。
器外表施红色陶衣。内饰黑彩，口沿至腹部绘
纵向短线堆垒纹。口沿内壁饰黑彩一周。

305. 彩陶器 T512 ④：44

新石器时代

残长 5.5、残宽 4.6 厘米

泥质红陶器残片，黑胎。外饰红彩，
绘水波纹和条带纹。

306. 彩陶器 H1333 ： 1

新石器时代

残长 5.5、残宽 4.3 厘米

泥质红陶器残片，灰胎。敞口，圆唇，微折腹。
外饰红彩，口沿至腹部绘条带纹和横向水波纹组
成的复合图案。口沿内外壁饰红彩一周。